書下ろし

1日1分！やさしく読める
フィナンシャルタイムズ＆エコノミスト

中村澄子

祥伝社黄金文庫

はじめに

私が運営するTOEIC教室の参加者には大手企業のビジネスパーソンが多いため、日々さまざまな情報を耳にしますが、アジアを中心とした新興国への進出の速度は年々加速しています。高い法人税、円高、少子高齢化による国内市場の縮小、震災による電力不足、電力料金値上げなどにより企業のアジアシフトは今後ますます加速するでしょう。

そんな中、転職や昇進だけでなく、降格やリストラにTOEICでの高得点を条件とする企業が増えています。厳しい競争にさらされる中で、当然ながらビジネスパーソンのTOEIC点数アップの動きは過熱するばかりです。

しかし、最近のTOEICマーケットを眺めていると、実際のビジネス現場のニーズとの乖離を感じることが多々あります。点数至上主義で、英語力をいかに実際のビジネスに活かすかを考えていないように見えるからです。

私のTOEIC教室では、いつも「リスクヘッジできる点数をとった後は、実際に書いたり話したりする練習にシフトした方がいい」とアドバイスしています。特殊な業態を除けば、リスクヘッジできる点数は800点とか860点です。800点あれば英語の基礎力は既に身についています。大切なのは、その「次」。実践的な英語力を使っていかに活躍できるか？　ということです。

英文を書いたり話したりする力を身につけること、またビジネス英語を読み慣れ、情報を海外から直接とることができる力をつけることがとても重要になります。

Wall Street Journal、The Financial Times、The Economistのような英字ビジネス誌から情報をとる以外にも、インターネットを駆使すれば、様々な企業のIRレポートなど情報源は多々あります。これらを使いこなすには、ビジネス関連の英文を読み慣れる訓練が必要です。ビジネス関連の英文には独特の言い回しも多く、どうしても読みにくさが先行し、結局国内で入手できる情報だけに頼ることになりかねません。

1冊目の拙著である「1日1分レッスンTOEIC TEST」を出版した9年前に比べ、最近は玉石混交のTOEIC関連本が数多く出版されています。著者の数も増えていますが、著者それぞれが果たすべき役割は異なるはずです。英語業界における私の役割は、TOEICとビジネス英語の架け橋となることだと思っています。グローバル化を進めていかなければ日本の企業は生き残れないという現状において、この役割は重要で、私欲を超えた使命であり、ライフワークだと思っています。

その思いをもとに数名の編集者に働きかけ、私の英語3部作が出版できる運びとなり、昨年3月にDHCより『TOEICテスト　スコア対策への投資をビジネス英語にリターンさせるきわめて合理的な勉強法』を、昨年10月には講談社より『ウォール・ストリート・ジャーナルを読んでTOEICテストでぐんぐん得点アップする方法』を出版しました。そして、本書が3冊目です。3冊ともかねてより私が考えていたアイディアを形にした本で、内容も私が編集者に提案をしました。

TOEICでの点数アップと同時に、すぐにでも仕事で英語を使わなければならなくなった方は『TOEICテスト　スコア対策への投資をビジネス英語にリターンさせるきわめて合理的な勉強法』から、TOEICのパート7の長文読解練習と同時にビジネス関連の記事を読む練習をしたい方は『ウォール・ストリート・ジャーナルを読んでTOEICテストでぐんぐん得点アップする方法』から、世界のビジネス誌からリアルタイムの情報を獲れるようになりたいけど、まだ少し敷居が高く「助走から……」と思っている方は、本書をお使いいただければ幸いです。

本書でとりあげているそれぞれの英文は、実際のThe Financial TimesとThe Economistの記事の中から、中級者が読みやすいように、少し簡単な英語に書き換えたものをベースにしています。大手企業に英語教材を提供しているBusiness English Proを運営する（株）アイディールの竹内昌志氏に提供していただいた記事の中から私が選びました。ビジネスの現場でのバックグラウンドが少ない方や、ビジネス英文を読みなれていない方にも読みやすくリライトされています。

本書が皆様のお役に立てるものと信じております。

2013年2月
中村澄子

Contents

はじめに ………………………… 3

本書の使い方 ………………………… 8

1章 ステージ1 レベル★☆☆☆☆【フレッシュ新入社員レベル】
なじみ深い話題で小手調べ!の10本 ……… 13

コラム FT&Economistを読みこなすためのステップ①

2章 ステージ2 レベル★★☆☆☆【若手社員のホープレベル】
調子が出てきたらチャレンジしてみよう!の10本 49

コラム FT&Economistを読みこなすためのステップ②

3章 ステージ3 レベル★★★☆☆【イケイケ中堅社員レベル】
ここで負けてられない!の10本 ………… 85

コラム FT&Economistを読みこなすためのステップ③

4章 ステージ4 レベル★★★★☆【やり手の管理職レベル】
ゴールが見えてきたよ!の10本 ………… 123
コラム FT＆Economistを読みこなすためのステップ④

5章 ステージ5 レベル★★★★★【ファーストクラスの重役レベル】
手ごわい問題にも果敢に挑戦!の10本 ……… 165
コラム FT＆Economistを読みこなすためのステップ⑤

索引(単語別) ………………………… 221

本書の使い方

本書は『Financial Times』、『The Economist』などの英語記事を読みこなし、英語で世界の最新情報を手に入れたいと考える方に向けて構成しました。

【左ページ】

英文：『Financial Times』、『The Economist』の記事原文を一部、やさしく書き改めた英文です。

Check！：学習した日付を書き込んでおきます。

【右ページ】

対訳：記事の標準的な日本語訳を示しています。

単語の意味：記事中のおさえておきたい重要単語を抜き出しています。
単語前の記号は、

B……… ビジネス
F……… 会計・金融
T……… TOEIC
E……… 資源・エネルギー関連
P……… 政治

を示しています。ビジネス英語と同時進行でTOEICスコアアップに取り組む人は「T」を重点的に学習するなど、あなたの目的・専門分野に合わせて特に重視すべき単語を選びましょう。

参考：各記事に関連するトピックをまとめました。

学習効果をアップさせる読み方

あなたの英語力／ビジネス力のレベルに合わせて、
読む順番を変えることで学習効果がアップします。

あなたはどの人に近い？

❶ 上級ビジネスマンタイプ

英語力：80～100
ビジネス力：80～100

英語力も、経済やビジネスの知識も上級者レベル。もっとリーディングのスピードや情報をサーチする力をアップしたい方は　**①英文→②対訳→③単語の意味→④参考**　の順で学習しましょう。

最初に英文を読み、どうしてもわからなかった部分のみ対訳を参照することで、英語で情報を獲る力を身につけていきます。

---

❷ 英語力をアップしたいビジネスマンタイプ

英語力：50～79
ビジネス力：60～79

日経新聞を読んでいて、ある程度経済やビジネスの知識はあるけど、英語力に不安がある方は　**②対訳→①英文＋③単語の意味→④参考**　の順で学習しましょう。

力がついてきたと感じたら、徐々に③単語の意味を使いながら①英文をいきなり読むことにチャレンジしていきます。

---

❸ 経済初心者タイプ

英語力：40～90
ビジネス力：40～59

英語力はまちまちだけど、経済やビジネスに弱く、記事を読むことに抵抗がある方は　**④参考→②対訳→①英文＋③単語の意味**　の順で学習しましょう。

コラムを楽しみながらニュースに頻出する単語に親しんでいきます。同時に日経新聞を読みはじめるのも効果的です。

The Economist、
The Financial Timesを購読してみよう

『The Economist』の場合

イギリスで 1843 年に創刊された歴史ある英文ビジネス誌。世界中の政治家やビジネスパーソンに影響力を持っています。経済金融ネタに留まらず、政治、社会、科学、技術、芸術と非常に幅広い分野を扱うのが特徴です。書店でも入手できますが、ウェブサイトから定期購読を申し込むと、割安になるだけでなく、専用サイトでの情報提供、過去記事検索や音声版のダウンロードもできます。学生割引もききます。

https://www.economistsubscriptions.com/ecom912/global/index.php

『The Financial Times』の場合

1888 年創刊。発行部数 44 万部、世界 140 カ国、延べ 150 万人が読む正確で信頼性のある「ピンク・ペーパー」（用紙の色からつけられた愛称）。世界中のエグゼクティブから高い支持を得ています。

http://www.ft.com

どちらもオンライン版、プリント版がありますが、オンライン版が割安です。TOEIC対策を兼ねるなら、これらの記事を1日2本。1本あたり5分、2本合計で10分以内に1記事読み切りましょう。

「記事が難しい！」という人のために、本書の1章から5章のコラムに、入門トレーニングを用意しました。こちらを活用して、一日も早く世界のビジネスパーソンに追いつきましょう！

Business English Proとは

The Economist、The Financial Times などの一流ビジネス誌を使った、オンラインの語学学習システムです。「英語は読めなければ、聞けない、話せない」というコンセプトのもと、読みと音声を重視し、英語を英語のまま理解するスキルを身につけることを目的としています。本講座は多くのグローバル化を推進する企業の語学学習プログラムとして採用されています。

Business English Proには、次の特徴があります。

- 教材は**最新のニュース記事**。火曜から土曜までの週5日（米国の祝日を除く）**毎日配信される**ので、英語で国際情報をインプットできる
- 記事には、内容理解を問う**設問**と、記事を読み上げた**音声**が付属
- 教材はすべて**英語教育のエキスパート**が作成
- 1つの記事を**4つのレベル別に書き直している**ので、無理なく英語が読める
- 受講者が本文を**読むスピードを測定する機能**がついていて、スピードの推移をグラフで確認することができる
- 設問タイプや記事の分野別に、**自分の強みと弱点がグラフで確認**できる
- ポイントや記事別ランキングなど、**ゲーム感覚で学習を継続**できる。

受講にあたっては、**会員登録と受講料が必要**になります。ただし **10日間のお試し期間**が設定されていて、期間内に受講を取り消せば課金はされません。最初に簡単なテストでクラス分けを行ない、学習を開始します。過去記事も自由に閲覧でき、1日何本でも学習が可能です。詳しくは以下のサイトをご覧ください。

➡ **Business English Pro**（BEPro：月額 4,725 円）
http://www.wisdomsq.com/program/bepro/index.html

より手軽に学習したい方向けの、**スマートフォン限定プログラム**もあります。基本的なコンセプトは BEPro と同じで、いつでもどこでも学習できます。

➡ **1日10分ビジネス英語**
http://www.wisdomsq.com/program/before/index.html

1章

ステージ 1

レベル ★☆☆☆☆
【フレッシュ新入社員レベル】

なじみ深い話題で小手調べ!の10本

01 Three budget carriers seek foothold in Japan market

Peach Aviation, a budget airline, launched operations on March 1. It is the first of three low-cost carriers to arrive this year in Japan, the third-largest domestic air market in the world but virgin territory for budget airlines. In July, it will be joined by Jetstar Japan and in August by AirAsia Japan, providing domestic travelers with greater choice and lower prices on flights between some of the country's busiest destinations, such as Tokyo and Sapporo. All three airlines are joint ventures between foreign investors and Japanese airlines.

Source: The Financial Times **Original Date:** 2012/04/15
Industry Category: Air **Topic:** Transportation

Check! □ / □ / □ /

〈対訳〉

格安航空会社３社が日本への足がかりを求める

格安航空会社、ピーチ・アビエーションは３月１日に運営を開始した。今年、日本に進出する格安航空会社３社の中では一番乗りだ。日本は世界で３番目に大きい国内線マーケットだが、格安航空会社にとって未開拓の領域だった。7月にジェットスター・ジャパンが加わり、そして8月にはエアアジア・ジャパンも参加。東京や札幌などの国内で最も旅行者が多い目的地を結ぶ路線で、国内旅行者により多くの選択肢と低い航空運賃を提供することになる。

３社の航空会社はすべて海外投資家と日本の航空会社との合弁会社だ。

単語の意味

- □ **budget airline** [名]格安航空会社
- □ **launch** [B][T][動]開始する、～を始める　[名]開始
- □ **operation** [名][B][T]運営、業務、事業
- □ **carrier** [名]航空会社　/　□ **domestic** [形][B][T]国内の、自国の
- □ **destination** [名][T]目的地、行き先
- □ **joint venture** [名][B][T]合弁事業、共同事業

参考

LCC元年、３社が参入

ピーチ・アビエーションは全日本空輸（ANA）が筆頭株主、関西国際空港（関空）を拠点に札幌、九州ほか国内４空港間、国際線ではソウル、香港、台北間を運航しています。対してジェットスター・ジャパンは日本航空（JAL）、三菱商事が出資しています。成田と札幌、福岡、大阪、那覇間を就航、関空と札幌、福岡、那覇間も運航しています。国際線は2013年度から成田発着便を就航予定です。エアアジア・ジャパンはピーチ同様、ANAが出資、成田と札幌、福岡、那覇間を就航させたのに続き、秋には成田とソウル、釜山間の運航を始めました。

The simultaneous arrival of the three low-cost carriers is a direct result of the government's policy to stimulate the domestic air travel market. Competition in Japan's air travel market has long been restricted by a lack of landing slots at major airports, high landing fees and, until deregulation in 2008, restrictions on the amount of discounting allowed. However, the government under the ruling Democratic party decided to stimulate the market by increasing landing slots and working towards lowering landing fees. Furthermore, the bankruptcy of Japan Airlines, the government-owned airline, in 2010 led to the cancellation of 50 unprofitable domestic routes, which freed up landing slots at several airports.

３社の格安航空会社が同時に現れたのは、日本政府の航空旅行市場を活性化させる政策の直接的な成果である。
日本の航空旅行市場における競争は、主要空港での発着枠の不足、高い着陸料により、2008年の規制緩和までは、長らく制限されてきた。しかしながら、与党民主党の政府は、発着枠を増やし着陸料の引き下げに取り組むことで、国内マーケットを活性化しようと決めた。さらに政府所有の航空会社、日本航空の2010年の破産により、50本の国内の不採算路線が廃止されたので、複数の空港で発着枠の空きが生じていた。

単語の意味

- □ **simultaneous** 形 同時の、同時に起こる
- □ **result of～** T ～の結果、～の成果
- □ **stimulate** 動 T ～を刺激する
- □ **domestic market** 名 B T 国内市場
- □ **competition** 名 B T 競争、競技
- □ **restrict** 動 T ～を制限する、限定する
- □ **landing slot** 名 発着枠 / □ **landing fee** 名 着陸料
- □ **furthermore** 副 T さらに、その上に
- □ **bankruptcy** 名 B T 倒産、破産

02 Women managers in Asia: Untapped talent

In the West, women typically make up 10% to 20% of upper management and company boards, but Asian women lag far behind. In Australia, women's share of board and executive-committee jobs is roughly on a par with that in America and parts of Europe. Singapore, too, has a large number of women in senior management. In Japan and South Korea, women rarely sit on boards.

Source: The Economist **Original Date:** 2012/07/07
Industry Category: Other **Topic:** Politics and Culture

Check! ☐ / ☐ / ☐ /

〈対訳〉

アジアでの女性マネージャー、手つかずの才能

欧米では、女性が一般的に上級管理職や会社役員の10～20％を占めるが、アジアの女性は大きく遅れをとっている。オーストラリアでは、女性が取締役や執行委員の職に占める割合は、米国やヨーロッパのそれと同程度である。シンガポールも上級管理職にたくさんの数の女性がいる。日本と韓国では、取締役会に女性はめったにいない。

単語の意味

- □ **typically** 副 T 概して、典型的に
- □ **make up** 構成する、作り出す
- □ **management** 名 B T 経営者、経営陣、経営
- □ **lag behind** 遅れをとる、～より遅れる
- □ **on a par with～** ～と同等で
- □ **rarely** 副 T めったに～ない

参　考

欧米に比べ、まだまだ少ない日本の女性管理職

平成23年度雇用均等基本調査（厚労省）によれば、日本の女性管理職（課長以上）の割合は6.8％で、2年前より0.6％上昇、部長相当職以上に限れば3.1％から4.5％と過去最高の上昇幅で、日本企業の女性管理職が増加傾向にあるのがわかります。しかし、欧米諸国をみると、管理的職業に占める女性の割合は米国、イギリス、ドイツ、オーストラリアなどでは30％以上です。欧州各国では女性役員の割合を30～40％にするよう企業に要請する「クオータ制」が導入され、パイオニア的存在であるノルウェーでは40％を超えています。

ちなみに『日経WOMAN』が発表した女性が活躍する会社ランキングでは、1位日本IBM、2位P&G、3位第一生命、4位日本生命、5位髙島屋の順です。

One reason why so few women in Asia get top jobs is that in most countries far fewer of them are in the workforce than in the West. In India, only about one woman in three has a formal job. Even in Asian countries where many women are on the corporate ladder, they do not climb as high as men. The most common reasons are the double burden of work and domestic responsibilities, lack of female role models and the lack of public services such as child care.

Will Asia catch up with the West? A recent report says that most Asian senior managers are not very interested in promoting women. The report thinks such managers are misguided. They point to Asian companies that have done well out of recruiting lots of women, such as Shiseido.

アジアで女性が幹部職にほとんどいないひとつの理由は、多くの国において女性の労働人口に占める割合が、欧米と比べて圧倒的に少ないからである。インドでは、約3人に1人の女性しか正式な仕事を持っていない。出世の階段にたくさんの女性がいるアジアの国々でさえ、女性は男性ほどには昇進しない。最も共通する理由は、仕事と家事の二重負担、女性で模範となる人の不足、託児所などの公共サービスの不足である。
アジアは欧米に追いつくだろうか。最近のレポートによると、ほとんどのアジアの上級管理者は女性を登用することにあまり乗り気ではない。そのレポートは、そのようなマネージャーは間違っていると述べ、資生堂など多くの女性を雇用して素晴らしい業績をあげているアジアの会社を例としてあげている。

単語の意味

- □ **far** 副 T はるかに、大いに
- □ **workforce** 名 B T 全従業員、労働力、労働人口
- □ **corporate ladder** 名 B 出世の階段
- □ **common** 形 T 共通の、共有の / □ **burden** 名 T 重荷、負担
- □ **domestic** 形 B T 家庭の、国内の、自国の
- □ **lack** 名 T 不足していること、欠如
- □ **catch up with～** T ～に追いつく、～について行く
- □ **promote** 動 B T 昇進させる、～を促進する
- □ **misguide** 動 ～を誤った方向へ導く

03 Sacked Olympus chief Woodford close to settlement over contract

Olympus is expected to reach a settlement with its former chief executive, Michael Woodford. He was suddenly fired last year after he raised questions about $1billion in suspicious payments made by the Japanese optical equipment maker.

Mr Woodford, a Briton, had 44 months left on his contract when he was fired. Olympus at first said that the decision was due to his management style. Tsuyoshi Kikukawa, the former Olympus chairman who subsequently resigned over the scandal, described Mr Woodford's public questioning of the company as "aberrant" and "unforgivable".

Source: The Financial Times **Original Date:** 2012/05/29
Industry Category: Financial/Insurance **Topic:** Politics and Culture

Check! ☐ / ☐ / ☐ /

〈対訳〉

解雇されたオリンパス最高経営責任者ウッドフォード氏、契約に関して和解近い

オリンパスは前最高経営責任者であるマイケル・ウッドフォード氏と合意に達すると予想されている。同氏は昨年、日本の光学機器メーカーであるオリンパスによって行なわれた約10億ドルの不審な支払いについて疑問を提起した後に解雇された。

英国人のウッドフォード氏は、解雇された時点で契約期間が44カ月残っていた。当初、オリンパスはその決定は同氏の経営スタイルが原因だと言った。このスキャンダル発覚を受けて辞職した元オリンパス会長である菊川剛氏は、ウッドフォード氏がオリンパスを公に問題化した行為は「常軌を逸して」おり「容赦できない」ものだと述べた。

単語の意味

- □ **be expected to～** [T] ～と期待されている、～するはずだ
- □ **reach a settlement** 合意に至る、妥結に至る、落着する
- □ **suspicious** [形] [T] 疑惑を起こさせる、怪しい
- □ **equipment** [名] [T] 機器、装備
- □ **contract** [名] [B] [T] 契約、契約書
- □ **due to～** [T] ～が原因で、～のせいで、～によって
- □ **subsequently** [副] [T] その後、後に、続いて
- □ **resign** [動] [B] [T] 辞職する、辞任する
- □ **describe** [動] [T] 記述する、描写する、表す

参　考

オリンパスの粉飾決算事件とその後

光学機器メーカー大手オリンパスは、1990年代半ばから、財テクの失敗により生じた1000億円近い損失を粉飾決算により隠蔽《いんぺい》していたことが2011年に発覚しました。

Mr Woodford has made it clear he will not agree to a settlement that prevents him from continuing to speak publicly about his experiences at Olympus. He has already published a book in Japanese, with the English-language version due out this year.

Since his disclosures, Olympus's board has been partially replaced and the accounting scandal has been investigated by a number of bodies, including the UK Serious Fraud Office and the US Federal Bureau of Investigation. After at first denying wrongdoing, Olympus admitted to holding loss-making securities investments in the Cayman Islands and other offshore centers since the early 1990s.

ウッドフォード氏は、オリンパスでの経験について公に話すことを許可しない和解には同意するつもりはないとはっきり述べている。同氏はすでに日本語で本を出版しており、今年中に英語版も出版する予定だ。
ウッドフォード氏の発表以来、オリンパスの役員の一部は交代され、同社の会計疑惑は英国重大不正監視局や米国連邦捜査局を含む多くの機関によって調査された。当初不正行為の存在を否定したが、後に、オリンパスは1990年代前半からケイマン諸島やその他のオフショアセンターで赤字を生んだ証券投資を持っていたことを認めた。

単語の意味

- □ **prevent A from B** [T] AがBすることを防ぐ
- □ **due** [B][T][形]～する予定である、期限が来て [名]会費、手数料
- □ **disclosure** [名][B][T]発表、開示
- □ **board** [名][B][T](＝board of directors)理事会、取締役会
- □ **replace** [動][B][T]～に取って代わる、～と取り替える
- □ **investigate** [動][T]調査する、取り調べる
- □ **body** [名]組織、団体、機関 / □ **fraud** [名]詐欺、詐欺行為
- □ **admit** [動][T]認める、自白する
- □ **loss-making** [形]採算の取れない、非採算性の、赤字を生む
- □ **securities investment** [名][B]証券投資

参 考

ピンチはチャンス!?

このスキャンダルにより大きなダメージを負った同社でしたが、2012年9月、ソニーから500億円の増資を受けることが決定。ソニー側もこの業務提携により医療機器事業に本格参入し、両社とも落ち込んだ業績の巻き返しを図ります。

04 Natural gas: Shale of the century

Between 2005 and 2010, America's shale-gas industry, which produces natural gas from shale rock, grew by 45% a year. This process is known as hydraulic fracturing, or fracking. It uses huge amounts of water and chemicals.

As a proportion of America's overall gas production, shale gas has increased from 4% in 2005 to 24% today. America produces more gas than it knows what to do with. Its storage facilities are rapidly filling, and its gas price has collapsed. Last month, it dipped to less than a sixth of the pre-boom price and too low for producers to break even.

Source: The Economist **Original Date:** 2012/06/02
Industry Category: Metals/Mining **Topic:** Politics and Culture

Check! □ / □ / □ /

〈対訳〉

天然ガス、今世紀が生んだシェール

2005年から2010年の間、頁岩《けつがん》から天然ガスを生成する米国のシェールガス産業は年間で45%成長した。この製法は水圧破砕として知られている。水圧破砕は大量の水と化学物質を使用する。
シェールガスが米国のガス生産全体に占める割合は、2005年の4%から今日の24%まで増加した。米国は自国が必要とする以上のガスを生産している。貯蔵施設は急速に一杯になっており、米国のガス価格は暴落した。先月、ガス価格はベビーブーム世代前の価格の6分の1未満まで下落した。生産者が利益を出すにはあまりにも低すぎる価格だ。

単語の意味

- □ **natural gas** [名] E 天然ガス
- □ **be known as～** T ～として知られている
- □ **hydraulic fracturing** [名] 水圧破砕
- □ **chemical** [名] T 化学薬品、化学物質
- □ **proportion** [名] 割合、比率
- □ **storage facility** [名] 貯蔵設備、保管設備
- □ **collapse** [動] T 崩壊する、崩れる
- □ **dip** [動] 下がる、低下する
- □ **less than～** T ～未満の、～に満たない
- □ **break even** B 収支が合う

参　考

シェールガスと日本のエネルギー市場

　2011年、福島の原発事故を受け、液化天然ガス(LNG)の輸入量が過去最高となった日本では、米国のシェールガスを原料とするLNGに関心が高まっています。欧米のようにパイプラインによるガス調達ができず「世界一高値でLNGを買うお得意様」と揶揄される日本にとって、シェールガスはひときわ魅力的だからです。

America's gas boom grants a huge economic advantage. It has created hundreds of thousands of jobs, directly and indirectly. And it has renewed several industries.

The gas price is likely to rise in the next few years because of increasing demand. Peter Voser, the boss of Royal Dutch Shell, an oil firm with big shale-gas investments, expects it to double by 2015. Yet it will remain below European and Asian prices, so the industry should still grow. America is estimated to have enough gas to sustain its current production rate for over a century.

米国のガスブームは巨大な経済的利点をもたらす。何十万もの雇用を直接的および間接的に創出する。さらに、いくつかの産業を回復させた。増加する需要により、ガス価格はこの数年の間に上昇しそうである。シェールガスに大規模な投資をしている石油会社、ロイヤル・ダッチ・シェルの社長であるピーター・ボーサー氏は、ガス価格は2015年までに2倍になると予想する。しかし、米国のガス価格は欧州やアジアの価格より下にとどまり、従ってそれでも業界は成長するはずだ。米国は現在の生産量を1世紀以上も維持できるガスを保有していると推測されている。

単語の意味

- □ **grant** [T][動]～を与える、容認する [名]許可、交付
- □ **renew** [動][T]（力など）を取り戻す 回復する、更新する
- □ **industry** [名][B][T]産業、事業
- □ **be likely to～** [T]～しそうである
- □ **demand** [B][T][動]～を求める、要求する [名]需要、要求
- □ **investment** [名][B][T]投資、出資
- □ **double** [T][動]～を2倍にする、倍加する [形]2倍の [名]2倍
- □ **estimate** [B][T][動]推定する、見積もる [名]推定、見積もり
- □ **sustain** [動][T]～を持続させる、～を維持する、支える
- □ **current** [形][T]今の、現時点の

参考

いち早く乗り出した企業

現在、東京ガスと住友商事は米国側とすでに協議を始めており、2017年にも輸入が開始される予定です。ちなみにシェールガスは、液化・輸送コストを加味しても従来の半値ほどで調達できるといいます。

05 Survey finds no let-up in global 'skills gap'

The global skills shortage shows no signs of improving. More than one-third of companies around the world reported difficulties filling open positions because of a lack of talent, according to a survey by ManpowerGroup, the recruitment company. Overall, 34% of companies said they were finding it hard to fill open positions. That is the same figure as last year, which put the "skills gap" at its highest level since 2008.

Source: The Financial Times **Original Date:** 2012/05/29
Industry Category: Other **Topic:** Politics and Culture

Check! ☐ / ☐ / ☐ /

〈対訳〉

アンケートによると、世界的な「能力格差」に減少は見られず

世界的な能力不足が改善している兆しはない。人材派遣会社マンパワーグループが行なったアンケートによると、世界中の企業の3分の1以上は才能のある人材の不足により、空いている役職を埋めるのが難しいと報告しているという。全体的に、企業の34％は空いた職を埋めるのは難しいと言っている。これは昨年と同じ数字であり、2008年以来最高レベルの「能力格差」になる。

単語の意味

- □ **shortage** 名 T 不足、欠乏
- □ **open position** 名 B T 空きポジション、オープン・ポジション
- □ **survey** B T 動 調査する、概観する　名 調査、概観
- □ **overall** T 形 全体の、全般的な　副 全体として、概して
- □ **figure** 動 ～を計算する、図解する　名 B T 数字、図

Moreover, the survey shows the skills gap is worsening in big economies such as Japan, Germany and France. Japanese companies face the biggest skills gap, with 81% of respondents saying they are having difficulty filling jobs. Skilled trades workers were the hardest to find, followed by engineers and sales representatives.

The skills issue is a long-standing complaint of US employers. The number of unfilled job openings has been rising steadily since mid-2009, according to the US Bureau of Labor Statistics, which estimates that there were 3.7 million jobs unfilled in March, up from 3.2 million a year earlier.

さらに、同アンケート結果は能力格差は日本、ドイツ、フランスなどの経済大国において悪化しつつあることを示している。日本企業は最大の能力格差に直面している。回答者の81％は空いた職を埋めるのが難しいと言っている。熟練労働者を見つけるのが最も難しく、その後に技術者、販売員と続く。
能力の問題は米国雇用主の長年にわたる不満の種である。米国労働統計局によると、埋められていない求人数は2009年半ばから絶えず上昇し続けており、3月の時点で、1年前の320万人から増加し、370万人分の職が埋められていないと見積もられると報告している。

単語の意味

- □ **moreover** [副][T]その上、さらに
- □ **worsen** [動]さらに悪くなる、さらに悪くする
- □ **respondent** [名][T]応答者、回答者
- □ **followed by～** [T]後に～が続いて、続いて～がある
- □ **sales representative** [名][B][T]営業担当者、販売員、セールスマン
- □ **issue** [T][動]発する、出す、発行する　[名]問題、発行、刊行物
- □ **long-standing** [形]長く続いている、長年にわたる
- □ **complaint** [名][T]不平、苦情、愚痴
- □ **employer** [名][B][T]雇い主、社長
- □ **steadily** [副]着々と、だんだん
- □ **estimate** [B][T][動]推定する、見積もる　[名]推定、見積もり

06 Geothermal energy in Japan: Storm in a hot tub

For decades, onsen owners in Japan have stopped development of a huge potential source of clean energy: geothermal power. They argue that using heated aquifers will drain the onsen dry, increase pollution and ruin a popular form of relaxation. With Japan nearly running out of nuclear power, however, the demand for new sources of energy is becoming harder to resist.

Since the disaster in Fukushima last year, all but one of the nation's 54 nuclear reactors are now temporarily out of operation, reducing Japan's power-generating capacity by about a third. That has speeded up the search for alternatives.

Toshiba, Mitsubishi Heavy Industries and Fuji Electric control more than half of the global market for geothermal turbines, yet Japan itself gets only 0.3% of its energy from its own steam. The industry's promoters say that Japan sits on the equivalent of 20 nuclear reactors.

Source: The Economist **Original Date:** 2012/04/07
Industry Category: Utilities **Topic:** Politics and Culture

Check! ☐ / ☐ / ☐ /

〈対訳〉

日本の地熱エネルギー、温水の中の嵐

数十年間、日本の温泉の所有者はクリーンエネルギーである地熱の巨大な潜在的供給源の開発を中断してきた。彼らは熱された帯水層を使うことは、温泉を枯渇させ、汚染を増加させ、人気のあるくつろぎの手段を台なしにしてしまうと言っている。しかし、日本が原子力をほぼ失いつつある中、新しいエネルギー源を求める声に抵抗するのは難しくなってきた。
昨年の福島での惨事以来、日本にある原子炉は現在54基中1基を除くすべてが一時的に運転を停止し、日本の発電力は約3分の1減少した。それが代替エネルギー源を探すスピードに拍車をかけた。
東芝、三菱重工業、および富士電機は、地熱タービンの世界市場の半分以上を支配しているが、日本は自国のエネルギーの0.3%しか水蒸気から取得していない。業界の推進者は、日本の地下には20基の原子炉と同等のものがあると主張している。

単語の意味

□ **decade** [名][T] 10年間 / □ **geothermal power** [名][E] 地熱
□ **aquifer** [名][T] 温水層 / □ **drain** [動] 使い果たす、枯渇させる
□ **pollution** [名][T] 汚染
□ **ruin** [動] ～をだめにする、崩壊させる [名] 崩壊、破滅、廃墟
□ **run out of～** [T] ～を使い果たす、～を空にする
□ **nuclear power** [名][E] 原子力、原子力発電
□ **demand** [B][T][動] ～を求める、要求する [名] 需要、要求
□ **disaster** [名][T] 災害 / □ **nuclear reactor** [名][E] 原子炉
□ **temporarily** [副][T] 一時的に、仮に
□ **operation** [名][B][T] 運転、稼動
□ **alternative** [名][B] 代わるもの、代案
□ **promoter** [名][B][T] 促進者、推奨者
□ **equivalent of～** ～に相当する、～と同等の

07 At the front of the back office: How the Philippines beat India in call centers

The rise of what is known as business-process outsourcing (BPO) in the Philippines has been extraordinary. The very first calls were taken in 1997; today the sector employs 638,000 people. It has revenues of $11 billion, about 5% of the country's GDP.

Last year the Philippines even overtook India, long the biggest call-center operator in the world, in "voice-related services". The country now employs about 400,000 people at call centers, India only 350,000. The Philippines projects that its BPO industry could add another 700,000 jobs by 2016 and generate revenues of $25 billion.

Source: The Economist **Original Date:** 2012/06/23
Industry Category: Services **Topic:** Technology and Communication

Check! □ / □ / □ /

〈対訳〉

バックオフィス部門の最前線、フィリピンはいかにしてインドにコールセンター市場で勝ったのか

フィリピンでのいわゆるビジネス・プロセス・アウトソーシング（BPO）は驚くべき成長を成し遂げた。一番最初の電話は1997年に受け、今日、同セクターは63万8000人を雇用している。同セクターの収入は110億ドルあり、フィリピンのGDPの約5％にあたる。
昨年、フィリピンは「音声関連サービス」分野において世界最大のコールセンターオペレーターであったインドを越えた。フィリピンでは現在約40万人をコールセンターで雇用している。インドは35万人である。フィリピンは、BPO業界は2016年までにさらに70万人の雇用を追加し、250億ドルの収入を生み出す可能性があると予想している。

単語の意味

- □ **extraordinary** 形 並はずれた、驚くべき
- □ **revenue** 名 B F T 収益、総収入
- □ **overtake** 動 〜を追い越す、抜く

参 考

BPO先進国インドを猛追する中国

インドのBPOサービス産業は、長らく世界に敵なしの急成長を続けてきました。数年前までは世界市場のシェア50％に迫る勢いでした。今回、フィリピンにコールセンター部門で逆転を許したのは、フィリピンの環境の良さもありますが、インド国内の賃金コストの上昇、離職率の増加、さらに英語に堪能な人材の不足など、インド自身の問題も重なってのことです。そのため、フィリピン以外にもアルゼンチンやブラジルなどが新たなアウトソーシング先として注目されています。またBPOで世界2位の位置にいる中国は国をあげてBPOに取り組んでおり、上海、大連をはじめ、21都市をアウトソーシング基礎都市に指定し、優遇措置がとられ、毎年2桁の成長を続けています。

It helps that the country has a big pool of well-educated workers. The million or so Filipinos who graduate every year have few other options to choose from, besides emigrating. And working in a call center is considered a middle-class job.

The big question is whether the Philippine BPO industry, having conquered the call-center market, can now move up the value chain. To keep growing rapidly and profitably, it needs to get some of the more sophisticated back-office jobs, such as those processing insurance claims and conducting due diligence. In these businesses, called knowledge-process outsourcing and legal-process outsourcing, India is still first.

同国に教育レベルの高い労働者が大勢いたことが役に立っている。毎年、大学を卒業する100万人近くのフィリピン人にとって、移住を除いて、他にはほとんど選択肢がない。コールセンターで働くことは中間層の仕事と考えられている。
大きな問題は、フィリピンのBPO業界がコールセンター市場を征服した今、価値を付加していくことができるかということだ。急速にそして利益を出しながら成長し続けるためには、保険金請求の処理やデュー・ディリジェンス(投資やM&Aなどの取引に際し事前に調査を行なうこと)を行なうなど、より高度な事務処理業務を行なう必要がある。ナレッジプロセスアウトソーシングやリーガルプロセスアウトソーシングなどのビジネスでは、インドがいまだに一番である。

単語の意味

- □ **well-educated** 形 教育を受けた
- □ **emigrate** 動 移住する、出稼ぎに行く
- □ **conquer** 動 征服する、獲得する
- □ **rapidly** 副 T 急速に、迅速に
- □ **profitably** 副 B 有利に、有益に
- □ **sophisticated** 形 T 洗練された、高度な
- □ **claim** T 動 主張する、求める 名 請求、主張

参考

日本のBPO

矢野経済研究所の調査によると、世界のBPO市場は年平均3.0%の成長で推移し、2015年度には3兆3439億円に達すると見込まれています。日本ではBPOの認知度がなかなか上がらず、利用する企業の動きは鈍かったのですが、ここ数年は年5%程度の成長を続けており、これから注目の分野として期待されています。

08 Yahoo chief to cut 2,000 jobs

Yahoo has revealed the largest job cuts in its 18-year history. This marks the first move by Scott Thompson, its new chief executive, to shake up the struggling US internet portal company. Around 2,000 workers will lose their jobs in the latest of a number of recent restructurings. These have so far failed to improve growth.

The job losses announced yesterday follow a two-month review in which Mr Thompson declared he was planning to cut back large parts of Yahoo's operations. He has also emphasized a return to growth as the company's only chance of remaining among the leading internet companies.

Source: The Financial Times **Original Date:** 2012/04/05
Industry Category: IT/Telecom **Topic:** Technology and Communication

Check! ☐ / ☐ / ☐ /

〈対訳〉

ヤフー最高経営責任者　2000人の人員を削減

ヤフーは18年の歴史で最大の人員削減計画を明らかにした。これが、新しい最高経営責任者であるスコット・トンプソン氏による、経営不振である米国のインターネットポータル会社再建に向けた最初の一手となる。最近何度も行なわれた中で最新となる今回のリストラでは、約2000人の従業員が職を失う。しかし、一連のリストラによってこれまでのところ、成長の改善には至っていない。
昨日発表された人員削減に先立ち、2カ月間のレビューが行なわれ、トンプソン氏はヤフー業務の大部分を縮小する計画であると述べた。同氏はまた、成長軌道に戻ることが、ヤフーが一流のインターネット企業としてとどまるための唯一の道であると強調した。

単語の意味

- □ **reveal** 動 T ～を明らかにする、示す
- □ **job cut** 名 B 雇用削減、人員削減
- □ **shake up** B 再構成する、刷新する
- □ **struggling company** 名 B 悪戦苦闘中の企業、経営不振の企業
- □ **restructuring** 名 B T 再構成、再構築、リストラ
- □ **job loss** 名 B 失職、雇用の喪失
- □ **follow** 動 T ～の次に起こる、～に続く
- □ **cut back** 動 B 削減する、縮小する
- □ **operation** 名 B T 業務、事業、運営
- □ **emphasize** 動 T ～を強調する、重要視する
- □ **leading** 形 B T 主要な、一流の、先導する

Yahoo's revenues have barely changed from their level of 2006. This was a period that has seen rapid growth at Google and, more recently, Facebook. Mr Thompson said that the job losses were part of what was needed to make Yahoo "smaller, nimbler, more profitable and better equipped to innovate as fast as our customers and our industry require". His comments also indicated the restructuring would lead to a more streamlined organization, and that Yahoo would cut back on its current range of services to concentrate on those with the best potential for growth.

ヤフーの収益は2006年の水準からほとんど変化していない。この間、グーグルや、最近ではフェイスブックが急成長を遂げている。人員削減は、ヤフーを「組織をより小さく、動きをより素早く、利益をより生み出し、設備を向上させて顧客と業界が求めているスピードで革新できるような企業にする」ために必要なことの一環であると、トンプソン氏は述べた。
また同氏は、「リストラはヤフーの組織を合理化し、また現在提供しているサービスを縮小して成長の可能性があるものだけに集中する」とコメントした。

単語の意味

- □ **revenue** 名 B F T 収益、総収入
- □ **barely** 副 T わずかに、ほとんど～ない、かろうじて、やっと
- □ **rapid growth** 名 B 急成長 / □ **nimble** 形 素早い
- □ **profitable** 形 B T 利益の多い、もうけになる
- □ **innovate** 動 B T 刷新する、革新する
- □ **streamlined** 形 B 合理化された
- □ **concentrate on～** T ～に集中する、～に専念する

参　考

ヤフーで１年間にCEOが３人交代

　スコット・トンプソン氏は、2012年1月、解任されたキャロル・バーツ氏の後を継いでCEOに就任しました。ヤフーでは2012年1月に共同創業者のジェリー・ヤン氏が退任するなど経営が混乱。経営陣の刷新を求める米サードポイント（ヤフーの大株主）と委任状争奪戦に直面するという問題も抱えていました。

　しかし、記事にあるリストラ計画の発表後、トンプソン氏は学歴詐称が発覚、翌5月に解任されています。そして今年３人目のCEOには、元グーグル副社長のマリッサ・メイヤー氏が就任しました。

09 Hon Hai and Sharp

Taiwan is home to many companies that make electronic gadgets and components for other companies with familiar names. The runaway success of one of these names, Apple, has made one Taiwanese supplier, Hon Hai Precision Industry which is the assembler of every iPad and most iPhones, quite familiar. On March 27 Hon Hai, also known as Foxconn, agreed to buy about 10% of Sharp, a struggling Japanese consumer-electronics company. Its chairman, Terry Gou, and others are buying half of Sharp's stake in a factory in Sakai, Japan that makes large liquid-crystal display (LCD) panels.

Hon Hai has grown at an astonishing rate, and it has begun 2012 at an extraordinary pace. In January and February, its revenue was 50% higher than in the same period last year. This fact owes much to Hon Hai's contracts with Apple, which have yielded enormous profits for both.

Source: The Economist **Original Date:** 2012/03/31
Industry Category: Factory/Machinery **Topic:** Manufacturing

Check! □ / □ / □ /

〈対訳〉

鴻海《ホンハイ》とシャープ

台湾には、名前がよく知られている他の企業の電子器具および部品を製造する会社がたくさんある。それらの有名企業の中でも大成功しているアップルは、すべてのiPadとほとんどのiPhoneを組み立てている台湾の製造業者、鴻海精密工業をかなり有名にした。3月27日、Foxconnとしても知られる鴻海は、経営不振の家庭用電子機器企業であるシャープの株式の約10%を購入することに同意した。鴻海会長の郭台銘氏らは、日本の堺市にあるシャープが所有するLCDパネル製造工場の株式の半数を購入しようとしている。

鴻海は驚異的なペースで成長し、そして2012年、素晴らしいスタートを切った。同社の1月と2月の収益は昨年の同時期よりも50%高い。これは鴻海のアップルとの契約に負うところが大きい。この契約は両社に巨額の利益をもたらした。

単語の意味

- □ **electronic gadget** 名 電子器具
- □ **component** 名 B T 部品、構成要素
- □ **supplier** 名 B T 供給者、納入業者
- □ **assembler** 名 組み立てる会社[人]
- □ **struggling company** 名 B 悪戦苦闘中の企業、経営不振の企業
- □ **stake** 名 B 投資持分、投資金額、利害(関係)
- □ **liquid-crystal display panel** 名 液晶ディスプレイパネル
- □ **astonishing** 形 T 驚くべき、びっくりさせるような
- □ **extraordinary** 形 並はずれた、驚くべき
- □ **revenue** 名 B F T 収益、総収入
- □ **owe to～** ～のおかげである、恩恵を被っている
- □ **contract** 名 B T 契約、契約書
- □ **yield profit** B 利益を得る

10 Sony warns net loss to hit record $6.4 billion

A warning from the electronics and entertainment group Sony has emphasized the scale of the challenges it is facing. Sony expects to make a $6.4 billion net loss for its just-ended financial year. This was its worst deficit ever. The loss comes after it was forced to give up billions of dollars of tax credits in the US that it had previously counted as earnings. Sony began its last fiscal year expecting a net profit of 60 billion yen. However, it has now downgraded that estimate three times. It is scheduled to report final results for the year on May 10.

The company is preparing to cut its workforce by 10,000, or 6% of its global headcount. Sony declared that the accounting revision for the year ended on March 31 would not affect its cash flow or earnings from operations. It left its estimate of its pre-tax loss unchanged at 115 billion yen.

Source: The Financial Times **Original Date:** 2012/04/11
Industry Category: Financial/Insurance **Topic:** Finance

Check! ☐ / ☐ / ☐ /

〈対訳〉

ソニー、純損失が過去最低の64億米ドルを超えると警告

電子機器およびエンターテイメントグループのソニーからの警告は、同社が直面している問題の大きさを強調した。ソニーは先ごろ終了した会計年度に64億米ドルの損失を出すと予測している。これは過去最悪の赤字である。米国で以前は収益と見なされていた何十億ドルもの税額控除を諦めざるを得なくなったため、この損失が生じた。
ソニーは前会計年度に600億円の純利益を予想していたが、これまでにその予想を3度下方修正した。同社は5月10日に最終的な財務報告書を発表する予定である。
ソニーは全世界にいる従業員数の6％にあたる1万人を削減する予定だ。ソニーは3月31日に終了した会計年度の会計修正は、キャッシュフローや事業収益には影響しないと発表した。同社の税引前損失は予想と変わらず、1150億円であった。

単語の意味

- □ **warning** 名 T 警告、注意 / □ **electronics** 名 B T 電子機器
- □ **emphasize** 動 T ～を強調する、重要視する
- □ **challenge** B T 動 挑戦する 名 課題、難題
- □ **face** 動 T ～に直面する、～に向き合う
- □ **net loss** 名 B F 純損失 / □ **deficit** 名 B F 欠損、赤字
- □ **tax credit** 名 F 税額控除
- □ **previously** 副 T 以前に、前もって
- □ **earnings** 名 B F T 収益
- □ **fiscal year** 名 B F 会計年度 / □ **net profit** 名 B F 純利益
- □ **estimate** B T 動 推定する、見積もる 名 推定、見積もり
- □ **workforce** 名 B T 全従業員、労働力、労働人口
- □ **operation** 名 B T 事業、業務
- □ **pre-tax loss** 名 F 税引前損失

実際の『フィナンシャルタイムズ』や
『エコノミスト』を読みこなす方法を解説！

FT&Economistを読みこなすためのステップ❶

STEP 1

ヘッドライン読み

- 記事のヘッドライン（見出し）だけを1つ1つ読む
- タイトル=記事内容のひとことサマリー
- 自分がエグゼクティブになり、部下に簡潔な報告を受けているつもりで読むと◎

本書は記事をやさしく書き改めているとはいえ、独特の言い回しに難しさを感じた方も多いと思います。最初は確かに大変ですが、慣れてください。これを世界のビジネスマンは毎日読んでいるのです。ちなみに、「『Japan Times』や『Daily Yomiuri』など、読みやすい日本の英字新聞から始める」という学習方法をすすめる教材もありますが、これだと逆に遠回りになります。両方をチェックしている知人は「やはり両者は別物」といいます。
記事のヘッドラインを比較すると違いがよくわかると思います。日本の英字新聞が読めても、海外の英字新聞になると歯が立たない。それでは意味がないのです。

2章

ステージ2

レベル★★☆☆☆
【若手社員のホープレベル】

調子が出てきたらチャレンジしてみよう!の10本

01 Walmart hit by bribery allegations

Walmart has been shocked by claims that it tried to cover up a bribery campaign by executives in Mexico to accelerate its rapid expansion in the country. It is the world's biggest retailer by sales, and Mexico is one of its best performing markets. Walmart said it was "deeply concerned" by the charges, which were made by the New York Times. The newspaper said executives at Walmart Mexico paid bribes to obtain permits for new stores. Even after Walmart investigators found evidence of wrongdoing, the inquiries were stopped and law enforcement officials were not notified.

Source: The Financial Times **Original Date:** 2012/04/23
Industry Category: Retailers/Distributors **Topic:** Retail and Service

Check! □ / □ / □ /

〈対訳〉

ウォルマート、贈賄行為で申し立てられる

ウォルマートは、同社がメキシコでの急速な店舗拡大をさらに加速させるためにメキシコ在住の役員が行なった贈賄活動を隠蔽しようとしたとして申し立てられたことに動揺している。ウォルマートは売上高で世界最大の小売業者で、そしてメキシコは同社の中で最も業績の良いマーケットのひとつである。ウォルマートはニューヨーク・タイムズ紙によるその告発に対して、「深く憂慮している」と発表した。

メキシコのウォルマートの役員はわいろを渡して新規店舗の出店許可証を獲得したと、同紙は書いた。ウォルマートの調査員が不正行為の証拠を発見した後でも、取り調べは止められ、捜査当局には通報されなかった。

単語の意味

- ☐ **claim** [T][動]主張する、言い張る　[名]主張、要求
- ☐ **bribery** [名][B]贈賄行為
- ☐ **accelerate** [動][T]～を加速する、～に拍車をかける
- ☐ **expansion** [名][B][T]拡張、拡大
- ☐ **retailer** [名][B][T]小売業者、小売店
- ☐ **concerned** [形][T]心配している、関係している
- ☐ **charge** [B][T][動]告発する、課す、～を請求する　[名]告発、罪、料金
- ☐ **obtain** [動][T]得る、手に入れる
- ☐ **permit** [動][B][T]許す、許可する
- ☐ **investigator** [名][T]取調官、調査者
- ☐ **inquiry** [名][B][T]質問、問い合わせ
- ☐ **law enforcement** [名]法の執行、法的処置
- ☐ **notify** [動][B][T]～に通知する、通告する

The allegations are bad for the retailer, which is relying on emerging markets to keep sales growing. Mexico became Walmart's first overseas market in 1991, and the country is one of its most successful, with nearly 2,100 stores and sales of $29 billion last year.

The revelations explain Walmart's disclosure last December that it had launched a probe into whether some employees in its international business had violated the Foreign Corrupt Practices Act, the US's anti-bribery law.

この申し立ては、売上拡大を新興成長市場に頼っている同小売業者にとって良くない。メキシコは1991年にウォルマートの最初の海外マーケットになり、現在ウォルマートの中で最も成功している国のひとつで、昨年はほぼ2100店舗で290億米ドルの売上があった。
昨年12月にウォルマートは、同社の国際ビジネス部門の社員数人が米国の贈収賄禁止法にあたる海外汚職行為防止法に違反したかどうかの調査を開始したことを明らかにしたと、その告発では説明されている。

単語の意味

- □ **allegation** [名]主張、弁明
- □ **rely on～** [T]～をあてにする、～を頼る
- □ **emerging market** [名][B]新興成長市場
- □ **revelation** [名]暴露、摘発
- □ **disclosure** [名][B][T]発表、開示、発覚、摘発
- □ **launch** [B][T][動]開始する、～を始める [名]開始
- □ **probe** [名]調査、精査、内偵
- □ **violate** [動][T]～に違反する、～を破る

参考

世界第2位の売上を誇るウォルマート

日本ではあまりなじみがないかもしれませんが、売上高はエクソンモービルに次いで世界第2位（2011年）、株式時価総額では世界トップ10という巨大企業。日本でおなじみの西友は同社の傘下です。世界に210万人以上の従業員とおよそ8970の店舗をもち、近年はアジアや欧州、アフリカにも出店。売上は米国と海外が6：4程度で、記事にもあるようにメキシコを筆頭とした中南米で成功しています。同社のアニュアルレポートでは、今後も中国、インド、ブラジル、メキシコなどの新興国市場に注力すると宣言しています。

02 Japan unveils plan to boost clean energy

The Japanese government has unveiled a plan to boost investment in clean energy sources. It is aimed at lowering the country's dependence on fossil fuels and nuclear power. And it is building up its fledgling renewable energy market. As a result of the plan, electric power companies will be required from July 1 to buy all renewable energy generated by qualifying suppliers at a higher rate than initially expected. This will provide a strong incentive for businesses to invest in clean energy facilities.

Source: The Financial Times **Original Date:** 2012/06/19
Industry Category: Utilities **Topic:** Science

Check! ☐ / ☐ / ☐ /

〈対訳〉

日本がクリーンエネルギーを後押しする計画を公表

日本政府はクリーンエネルギー源への投資を増やす計画を発表した。化石燃料や原子力への依存を低くするのが目的だ。また、日本は再生可能エネルギー市場を立ち上げている。その計画の結果、電力会社は7月1日から、認定された供給者によって生産されたすべての再生可能エネルギーを、当初予想されていたよりも高い値段で買い取らなければならなくなる。これによって、企業はクリーンエネルギー施設に投資する強い動機を持つことになる。

単語の意味

- □ **unveil** 動 ～を明らかにする、公にする
- □ **boost** 動 B T ～を押し上げる、～を増加する
- □ **investment** 名 B T 投資、出資
- □ **dependence** 名 T 頼ること、依存
- □ **fossil fuel** 名 E T 化石燃料
- □ **nuclear power** 名 E 原子力
- □ **electric power company** 名 E 電力会社
- □ **renewable energy** 名 E 再生可能エネルギー
- □ **generate** 動 E T ～を発生させる、～を生み出す
- □ **supplier** 名 B T 供給者、供給業者
- □ **incentive** 名 B T 刺激、動機、奨励金(物)
- □ **facility** 名 B T 設備、施設

The government is putting an end to the ceiling on the amount of energy from renewable sources power companies will be required to buy. This is a move that will transform solar power generation from a side business for companies generating more electricity than they can use to a business on its own.

The decision to create a guaranteed market for clean energy is expected to make Japan a main market for companies in the solar power industry, including panel makers such as China's Suntech and Japan's Sharp.

日本政府は、電力会社が購入を義務づけられている再生可能エネルギー源によって発電された電力量の上限を廃止しようとしている。これによって太陽光発電は、自分たちが消費できる以上の電力を生産している会社にとって、サイドビジネスからそれ自体が存続可能なビジネスに変わるだろう。
保証されたクリーンエネルギーの市場をつくる決定によって、中国のサンテックや日本のシャープなどのパネル製造業者を含む太陽光発電業界の企業にとって、日本は主力市場になると予想されている。

単語の意味

- □ **ceiling** 名 B T 最高限度、天井
- □ **transform** 動 T ～を変形させる、～を変質させる
- □ **solar power generation** 名 E 太陽光発電

参考

再生可能エネルギー買取り法

　クリーンエネルギーとは太陽光や水力、風力、バイオマス、地熱など、資源が枯渇しない再生可能エネルギーを指します。7月にスタートした「再生可能エネルギーの固定価格買取制度」（再エネ買取制度）では、電力会社が一定の定価・期間で、再生可能エネルギーによってつくられた電力を買い取ることが義務づけられました。

　現在、日本の再生可能エネルギーの比率はわずか1%（水力除く。2009年度資源エネルギー庁公表）。この制度によって、コスト高などの理由から二の足を踏む事業者が多かった再生可能エネルギー市場への参入が加速することが期待されています。すでに太陽光発電分野では大規模な太陽光発電所（メガソーラー）の建設が各地で相次ぎ、ソフトバンクや京セラ、JA（農業協同組合）、大林組など異業種からの参入も目立ちます。また一般住宅に太陽光パネルを搭載したスマートハウスの販売も急速に拡大しています。

03 Insurance data: Very personal finance

Medical records can be deceptive, incomplete or expensive to analyze. However, publicly available data will be increasingly useful in helping insurers distinguish the aerobics enthusiasts from the couch potatoes. Software is now being developed to go through all the marketing data that might help them identify tomorrow's cancer patients or accident victims. The software finds clues that are unavailable in medical records. The software also detects unclear correlations.

Such information can be bought from marketing firms that collect data about individuals from records of things like prescription-drug and other retail sales, product warranties, consumer surveys, magazine subscriptions and, in some cases, credit-card spending. At least two big American life insurers already waive medical exams for some prospective customers partly because marketing data suggest that they have healthy lifestyles.

Source: The Economist Original Date: 2012/06/02
Industry Category: Financial/Insurance Topic: Politics and Culture

Check! □ / □ / □ /

〈対訳〉

保険のデータはすごい個人資産だ

医療記録は当てにならなかったり、不完全であったり、または分析するのに費用が高くついたりする場合がある。しかしながら、公的に入手可能なデータは、保険会社がエアロビクス好きの人とカウチポテト族を区別するのにますます役立ってきている。現在、あらゆるマーケティングデータを調べて、保険会社が将来の癌患者や交通事故の被害者を特定するのに役立つソフトウェアが開発されている。このソフトウェアは医療記録では入手できない手がかりを見つける。またはっきりとはしていない相関関係も見つける。

そのような情報は、処方薬、その他の小売、製品保証書、消費者アンケート、雑誌購読、あるいはクレジットカードの支払いなどの記録から個人に関する情報を集めているマーケティング会社から購入できる。少なくとも2社の大手米国生命保険会社は、すでに一部の将来の顧客に対して健康診断を免除している。なぜなら、マーケティングデータが、彼らは健康な生活を送っていると示しているからだ。

単語の意味

□ **deceptive** [形] 当てにならない
□ **incomplete** [形] 不完全な、不十分な、不備な
□ **insurer** [名] [B] 保険業者、保険会社
□ **distinguish** [動] [T] 区別する、識別する、見分ける
□ **identify** [動] [T] つきとめる、発見する
□ **clue** [T] [動] ～に解決の手がかりを与える [名] 手がかり、ヒント
□ **correlation** [名] 相関関係、相互関係
□ **prescription** [名] [T] 処方箋 / □ **retail sales** [名] [B] [T] 小売
□ **warranty** [名] [B] [T] 保証、保証書
□ **subscription** [名] [B] [T] 予約購読、定期購読、申込み
□ **waive** [動] [B] [T] ～を放棄する、撤回する
□ **prospective** [形] [T] 予想される、将来の、見込みのある

04 The future of the European Union

What will become of the European Union? One road leads to the breakup of the euro. The other involves huge wealth crossing Europe's borders, and that will mean loss of independence. For two years, Europe's leaders have said that they want to keep the euro intact, except, perhaps, for Greece. But northern European creditors, led by Germany, will not pay out enough to guarantee the euro's survival, and southern European debtors are tired of foreigners telling them how to run their lives.

Europeans must have a common purpose to save the single currency. Chancellor Angela Merkel insists that the threat of the euro's failure is needed to keep easily swayed governments on the path of reform. But German brinkmanship is destroying the belief that the euro has a future.

Source: The Economist **Original Date:** 2012/05/26
Industry Category: Financial/Insurance **Topic:** Politics and Culture

Check! ☐ / ☐ / ☐ /

〈対訳〉

欧州連合の未来

欧州連合はどうなるのか？　ひとつの道はユーロの分裂につながっている。別の道では巨大な富がヨーロッパの境界を越えることになり、それは独立性を失うことを意味することになる。

２年間、おそらくギリシャを除くヨーロッパ各国の指導者たちはユーロをそのまま保持したいと言ってきた。しかし、ドイツを筆頭とする北部ヨーロッパの債権国は、ユーロ存続を保証するために十分な額を支払うつもりはなく、そして南部ヨーロッパの債務国は生き方について外国人からあれこれ言われるのにうんざりしている。

ヨーロッパ諸国は単一通貨を救うために共通の目的を持たなければならない。ユーロ破綻の脅威は簡単に動揺する政府を改革の道に引き留めるために必要だと、アンゲラ・メルケル首相は主張する。しかし、ドイツの瀬戸際政策は、ユーロに未来があるという信念を破壊している。

単語の意味

- □ **lead to～** [T]結果として～に導く、～につながる
- □ **breakup** [名][T]崩壊、破局、分裂
- □ **involve** [動][T]含む、伴う、巻き込む　/　□ **wealth** [名][T]富、財産
- □ **border** [名][T]国境　/　□ **independence** [名]独立、自立
- □ **intact** [形]そのままの、変わっていない、影響を受けていない
- □ **creditor** [名][B][F]債権者
- □ **guarantee** [B][T][動]保証する、約束する　[名]保証
- □ **survival** [名][T]生き残ること、生き残り
- □ **debtor** [名][B][F]債務者
- □ **be tired of～**　～にうんざりしている、～に飽きている
- □ **currency** [名][B][F][T]通貨、貨幣
- □ **sway** [動]揺さぶる、動揺する
- □ **brinkmanship** [名][P]瀬戸際外交、瀬戸際政策

05 Cosmetic surgery: a growing obsession

China performs more cosmetic surgery than any country except America and Brazil. Almost 1.3 million licensed procedures were carried out in 2010, according to the International Society of Aesthetic Plastic Surgery. The market, which barely existed 15 years ago, is now worth some $2.4 billion.

China's growing wealth and its obsession with celebrity culture is fuelling the increase. Beauty is also thought to be an advantage in the competitive white-collar workplace. This is seen with people in search of a job including a photograph with their application.

Source: The Economist **Original Date:** 2012/05/12
Industry Category: Medical **Topic:** Politics and Culture

Check! □ / □ / □ /

〈対訳〉

美容整形、高まる執着

中国は、米国およびブラジルを除く世界のどの国よりも多くの美容整形を行なっている。国際美容外科学会によると、2010年にはほぼ130万件の有資格者による手術が実行された。15年前にはほとんど存在しなかったものが、今では24億ドル相当のマーケットになった。

中国の増え続ける富とセレブリティ文化への執着がその増加に拍車をかけている。また、美しさは競争の激しいホワイトカラーの職場では有利だと考えられている。このことは応募書類に自分の写真を添付するという求職者の行動から見てとれる。

単語の意味

- □ **cosmetic surgery** [名]美容整形
- □ **except** [T][前]～を除いて、～以外は　[接]～ということを除いて [動]～を除く
- □ **procedure** [名][B][T]外科手術、処置、手順、順序
- □ **barely** [副][T]わずかに、ほとんど～ない、かろうじて、やっと
- □ **exist** [動][T]存在する、実在する
- □ **wealth** [名][T]富、財産
- □ **obsession** [名]取りつかれること、妄念
- □ **celebrity** [名]名士、名声
- □ **fuel** [動][T]～をたきつける、～をあおる
- □ **competitive** [形][B][T]競争の激しい、競争的な、競争力のある
- □ **workplace** [名][B][T]職場、仕事場
- □ **in search of～**　～を探し求めて
- □ **application** [名][B][T]応募、申込み、申請

At People's Ninth Hospital in Shanghai, a public hospital that is the city's busiest for cosmetic surgery, there were 50,000 cosmetic operations in 2011, a 50% increase in five years. Most patients are in their 20s, and the three most common procedures are double eyelid surgery, liposuction and nose jobs.

At a meeting of China's parliament in March, Wang Chunlan, a leading plastic surgeon, called for higher standards after botched surgery complaints reached 20,000 a year. Her plea echoes that of Ma Xiaowei, a vice-minister of health, who said that during a random inspection of plastic surgery clinics in 2010, fewer than half met national standards.

上海において美容整形で最も忙しい公共病院である人民第九病院では、2011年に5万件の美容手術が行なわれた。5年間で50%の増加である。ほとんどの患者は20代で、そして最も一般的な3つの手術は二重まぶたの手術、脂肪吸引、および鼻の美容整形である。
失敗した手術の苦情が年間2万件を超えたことを受けて、3月に行なわれた中国議会の会議において、有力な形成外科医である王春蘭氏は水準を向上するように要請した。同氏の嘆願は、2010年に美容整形医院をランダムに検査した時に、半数以上が国の基準に達していないと発表した厚生副大臣の馬曉偉氏の意見に同調するものである。

単語の意味

□ **operation** 名 B T 手術、運営、業務、事業
□ **patient** 名 T 患者、病人 / □ **plastic surgeon** 名 形成外科医
□ **complaint** 名 T 不平、苦情 / □ **inspection** 名 T 検査、調査

参 考

美容整形への抵抗感が少ない韓国女性

韓国の美容整形は中国よりさらにハードルが低いことで知られています。日本人に比べ美意識が高く、結婚や就職に外見が重視される傾向が高いことが要因にもなっているようです。ある調査によると、18歳以上の韓国女性の10人に8人は美容整形の必要を感じ、そのうち半数は実際に施術をうけているそうです。つまり、5人に2人は経験者ということになります。それだけに美容整形外科も多く、しかも、価格は安い上に技術は高いといわれ、日本から手術を受けに来る女性も多いそうです。ソウル市内の病院の手術費(診察費・薬代など含む)の目安は、二重まぶた8万～12万円、スキンケア(しみ、にきび、そばかすなど)5万～10万円、目じりのしわとり4万5000円～6万円。

06 Foreign chiefs walk tightrope in Japan

Recently, a number of foreign CEOs have left Japanese companies. When Craig Naylor, the American chief executive of Nippon Sheet Glass, suddenly resigned this month after less than two years in the job, the news raised fears of another Olympus-like scandal.

There are no signs of a scandal such as the accounting fraud at Olympus. However, Mr Naylor's short tenure at NSG highlights challenges faced by foreign executives in Japan.

Source: The Financial Times **Original Date:** 2012/04/28
Industry Category: Industrial **Topic:** Politics and Culture

Check! □ / □ / □ /

〈対訳〉

外国人社長は日本で綱渡り

最近、多くの外国人最高経営責任者が日本企業を去っていった。日本板硝子(NSG)の米国人最高経営責任者、クレイグ・ネイラー氏が2年足らずの在職をした後、今月突然に辞職した際に、そのニュースは新たなオリンパス事件が起きたのかとの懸念を引き起こした。
オリンパスでの粉飾決算のような不祥事の形跡はない。しかしながら、ネイラー氏のNSGでの短い任期は、日本において外国人役員が直面する問題を浮き彫りにしている。

単語の意味

- □ **recently** [副] [T] 先ごろ、つい最近
- □ **CEO** [名] [B] (＝chief executive officer) 最高経営責任者
- □ **resign** [動] [B] [T] 辞職する、辞任する
- □ **less than〜** [T] 〜未満の、〜に満たない
- □ **raise fears of〜** 〜の懸念を生む[引き起こす]
- □ **accounting fraud** [名] [F] 粉飾決算、不正会計
- □ **tenure** [名] [B] 在職(権)
- □ **challenge** [B] [T] [動] 挑戦する　[名] 課題、難題

参考

外国人が日本企業のトップになるのは？

日本企業の外国人トップといえば、真っ先に思い浮かぶのは日産のカルロス・ゴーン氏とその功績。しかし、ソニーのハワード・ストリンガー氏、日本板硝子のクレイグ・ネイラー氏など、期待に応えられず、辞任に追い込まれるケースも。

日本能率協会グループが2011年に上場企業の新任取締役・執行役に行なったアンケート調査では「有能な人材なら外国人も登用すべき」が71.2%にのぼり、「トップは日本人で」の19.2%を大きく引き離す結果でした。

Japanese companies that have appointed non-Japanese CEOs fall broadly into two categories: those that are owned by foreign capital or have a large foreign shareholder, and those that bring in foreigners to make fundamental changes, particularly those needed to globalize an organization.

If Japanese companies want to compete globally, they have to act like global companies, and they have to look like global companies. The problem is that Japanese corporate culture, which revolves round strong personal relationships, makes it very difficult for newcomers to the company to get things done. Brian Salsberg of McKinsey Tokyo says: “If management isn’t behind you, they have a lot of tools to make any change so difficult to execute that the person will ultimately throw up their hands and leave.”

外国人最高経営責任者を任命した日本企業は、大きく2つのカテゴリーに分類される。ひとつは外国資本によって所有されている、または外国人の大株主がいる企業、そしてもうひとつは抜本的改革を行なう、特に組織をグローバル化する必要があるために外国人を迎え入れた企業だ。
日本企業がグローバルに競争をしたいのなら、グローバル企業のように行動し、そして世間からグローバル企業のように見える必要がある。問題は、日本の企業文化は強い人間関係を中心にしており、新規参入者がその企業で物事を成し遂げるのを非常に難しくしているということだ。
マッキンゼー東京支社のブライアン・サルスバーグ氏は「経営陣の後ろ盾がないなら、日本人社員はどのような変更でも実行困難とする手立てを数多く持っているため、最終的にはその人は諦めて去ってしまう」と言う。

単語の意味

- ☐ **appoint** [動] [B] [T] 任命する、指名する
- ☐ **capital** [名] [B] [F] [T] 資本、資本金
- ☐ **shareholder** [名] [B] [F] [T] 株主
- ☐ **fundamental** [形] 基本的な、根本的な　[名] 基本、根本
- ☐ **particularly** [副] [T] 特に、とりわけ
- ☐ **globalize** [動] ～を世界規模にする、国際化する
- ☐ **compete** [動] [T] 競争する、競う
- ☐ **revolve** [動] 回る、営まれる
- ☐ **management** [名] [B] [T] 経営陣、経営
- ☐ **execute** [動] ～を実行する、実施する
- ☐ **ultimately** [副] 最終的に、結局

07 India opens the investment door to foreign supermarket groups

India is to throw open its $450 billion retail sector to foreign supermarkets. This will give access to groups such as Walmart, Carrefour and Tesco, which have long sought to enter an underserved market of 1.2 billion people. They have lobbied for years to relax the rules on foreign supermarket investments. The government decided to allow foreign groups to invest up to 51% in "multi-brand retailers", which is how supermarkets are known in India. It is the most radical pro-liberalization reform passed by an Indian cabinet in years.

Source: The Financial Times **Original Date:** 2011/11/25
Industry Category: Retailers/Distributors **Topic:** Politics and Culture

Check! ☐ / ☐ / ☐ /

〈対訳〉

インド、海外のスーパーマーケットグループに投資の扉を開放

インドは、その4500億ドルに上る小売部門を海外のスーパーマーケットに開放する。これにより、ウォルマート、カルフール、テスコなどのグループが参入できるだろう。こうした企業は、十分なサービスを受けていない12億の人口を抱える市場に参入しようと長年努めてきた企業である。彼らは何年もの間、海外のスーパーマーケット投資に関する規則を緩和するよう働きかけてきた。

政府は、海外グループが51％を上限として、インドではいわゆる「マルチブランド小売業者」として知られているこれらの会社に投資することを認めると決定。このことは、インドでスーパーマーケットがいかに知られているかを示すものだ。これは、ここ数年間でインドの内閣が成立させた最も急進的な自由化重視の改革である。

単語の意味

- □ **retail** [B][T][動]～を小売する　[形]小売の　[名]小売
- □ **give access to～**　～に接近できる、～に接近を許す
- □ **sought** [動][T] seek「求める、得ようとする」の過去、過去分詞
- □ **lobby** [動]ロビー活動する、議員に働きかける
- □ **relax** [動][T]緩和する、和らげる
- □ **investment** [名][B][T]投資、出資
- □ **allow** [動][T]～を許す、認める
- □ **up to～** [T]～に至るまで、最大で～まで
- □ **radical reform** [名]抜本的改革、根本的改革
- □ **pass** [動][P]通過する、可決される　/　□ **cabinet** [名][P]内閣

The foreign chains are able to bring in great logistical benefits and capital and are expected to help upgrade crucial infrastructure. Their presence would also help eliminate the layers of middlemen who have controlled India's food supplies up until now.

India is home to one in every six people on earth and is Asia's third-largest economy. It has proved highly lucrative for foreign groups that have managed to negotiate its sometimes unpredictable business climate. Although overall it is still small, spending in modern retail stores has grown 20% annually over the past four years, a pace expected to accelerate.

Food price increases have averaged double-digits over the past 12 months. This prompted the government to open the sector, analysts said. The move is expected to help tame stubbornly high inflation. However, it is likely to be strongly opposed by millions of small retailers, who see large foreign chains as a threat.

前述した海外チェーンは、大きな物流上の恩恵と資本をインドに持ち込むことが可能であり、極めて重要なインフラの改善に役立つと期待される。また、その存在は、これまでインドの食品供給を支配してきた中間業者層を排除する一助にもなるだろう。

インドは地球上の6人に1人が所在する国であり、アジア第3位の経済大国だ。時には予測できないその事業環境を何とか切り抜けてきた海外グループにとって、インドは極めて収益性が高いことがわかっている。全体としてまだ小規模ではあるものの、現代的な小売店における支出は過去4年間に年率20％の成長を遂げており、このペースは加速すると見られる。

食品価格は、過去12カ月間に平均して2桁台で上昇している。アナリストらは、「これをきっかけに、政府は小売部門を開放することにした」と指摘。今回の措置により、執拗に高止まりするインフレ率を抑制する助けになるだろう。しかしながら、何百万という小規模小売業者が強く反対する可能性が高く、彼らは大規模な海外チェーンを脅威ととらえている。

単語の意味

- □ **logistical** [形] [B] 物流の、運搬上の
- □ **benefit** [B] [T] [動] 利益を得る　[名] 恩恵、利益
- □ **capital** [名] [B] [T] 資本、資本金
- □ **crucial** [形] [T] 決定的な、極めて重要な
- □ **middleman** [名] [B] 仲買人、仲介者
- □ **lucrative** [形] 利益のあがる、もうかる
- □ **double-digit** [名] [T] 2桁の

08 A New Boss at Yahoo!

On July 16, Marissa Mayer became the new chief executive of Yahoo. High-flying tech firms rarely recover from fading fortunes. They often change from one leader and rescue plan to another without success. Yahoo is now on to its fifth chief executive, including two interim ones, in three years.

The size of the challenge facing Ms Mayer was highlighted by the company's second-quarter results. Overall revenue, at $1.2 billion, was at last year's level and net income fell slightly, to $227 million. The firm's share of online-ad revenues in America has also fallen from 15.7% in 2009 to 9.5% in 2011.

Source: The Economist **Original Date:** 2012/07/21
Industry Category: Media **Topic:** Technology and Communication

Check! ☐ / ☐ / ☐ /

〈対訳〉
ヤフーの新しいボス

7月16日に、マリッサ・メイヤー氏はヤフーの新しい最高経営責任者になった。現実離れした技術会社が消えゆく運命から回復することはほとんどない。彼らはリーダーと救済計画を次から次に変えているが成功しない。ヤフーはこれで3年間で、2人の暫定最高経営責任者を含めて、5人目の最高経営責任者にバトンタッチすることになる。
メイヤー氏が立ちむかう挑戦の大きさは、同社の第2四半期の業績によって浮き彫りにされた。全体の売上は去年のレベルの12億米ドル、純益はわずかに減少し、2億2700万米ドルだった。同社の米国におけるオンライン広告の売上のシェアもまた、2009年の15.7%から2011年には9.5%に落ち込んだ。

単語の意味

- □ **rarely** 副 T めったに〜ない
- □ **recover from〜** T 〜から元どおりになる、回復する
- □ **fade** 動 色あせる、(徐々に)衰える
- □ **fortune** 名 B 運勢、運命、富、財産
- □ **interim** B 形 中間の、仮の　名 合間、暫時
- □ **challenge** B T 動 挑戦する　名 課題、難題
- □ **highlight** B T 動 強調する　名 呼び物
- □ **revenue** 名 B F T 収益、総収入
- □ **net income** 名 B F T 純利益

Ms Mayer brings experience from her high position at Google, where she was involved in many areas, from its search engine to Gmail and Google Maps. She is also a software engineer by training. She is a very talented networker whose communication skills can charm ad clients, and she seems ready to succeed.

But, although Ms Mayer ran a sizeable team at Google, she has never had to fix an ill corporate juggernaut with 700 million users. Nor has she overseen a huge ad-sales operation.

メイヤー氏はグーグルでの高い地位で得た経験を携えていく。同氏はグーグルにおいてサーチエンジン、Gメール、およびグーグルマップなど多くの分野に関与していた。また、彼女はソフトウェアエンジニアとして教育を受けている。彼女は非常に才能があり、広告顧客を魅了できるコミュニケーション能力を持つ人物で、成功する準備はできているように見える。
しかし、メイヤー氏はグーグルで大きなチームを管理していたが、7億人のユーザーを抱えた病める企業を再生させた経験はない。また、同氏は巨大な広告販売の運営を管理したこともない。

単語の意味

- □ **be involved in～** T ～に従事する、～に関与する
- □ **talented** 形 T 才能のある、有能な
- □ **sizeable** 形 かなり、(相当に)大きな
- □ **juggernaut** 名 大集団、コングロマリット
- □ **oversee** 動 T ～を監督する、概観する

参 考

ヤフーを立て直せるか？　グーグル社員番号20番

　マリッサ・メイヤー氏は1975年生まれ。スタンフォード大卒業後、スイスのUBS研究所などを経て、1999年、当時従業員20名程度だったグーグルに入社、「社員番号20番」として、また同社初の女性エンジニアとして、グーグルの数々のサービスの構築に携わり、シリコンバレーでは伝説的な人物でした。2005年頃まではほぼ同じ売上(約60億ドル)だったヤフーとグーグルですが、2009年からの3年間の売上を比較するとグーグル236億ドル→293億ドル→379億ドルに対し、約65億ドル→約63億ドル→約50億ドルとジリ貧傾向のヤフー。両社の間には大きな開きがつきました。

09 Morgan Stanley green light for Twitter and LinkedIn

Morgan Stanley Smith Barney will allow its 18,000 financial advisers to use Twitter and LinkedIn, the social media platforms. This is likely to be closely watched by its Wall Street competitors.

Morgan Stanley's risk management committee has given the go-ahead for all of the retail brokerage's financial advisers to use the two sites. The approval follows a year-long trial in which 600 Morgan Stanley Smith Barney advisers were allowed to send 140-character messages on Twitter and interact on LinkedIn.

Source: The Financial Times **Original Date:** 2012/06/25
Industry Category: Financial/Insurance **Topic:** Technology and Communication

Check! ☐ / ☐ / ☐ /

〈対訳〉

モルガン・スタンレー、ツイッターとリンクトインを使用許可

モルガン・スタンレー・スミス・バーニーは、1万8000人のファイナンシャルアドバイザーにソーシャル・メディア・プラットフォームであるツイッターとリンクトインを使用する許可を与える。このことはウォール街の競争相手から注目を浴びるだろう。
モルガン・スタンレーのリスク管理委員会は、仲介業務にあたる証券会社のすべてのファイナンシャルアドバイザーにこれら2つのサイトの使用許可を出した。今回の許可は、年間の試験期間を経て下されたものであり、その期間600人のモルガン・スタンレー・スミス・バーニーのアドバイザーが、ツイッターで140字のメッセージを送信したり、リンクトインで交流したりすることを認められていた。

単語の意味

□ **allow** 動 T 許す、認める / □ **competitor** 名 B T 競争相手
□ **committee** 名 B T 委員会
□ **approval** 名 B T 是認、承認

参考

"つぶやき"が招いた企業の信用失墜

SNSは業務の効率化、消費者との接点確保などのメリットがあることから、積極的に導入する企業も増えています。その一方で、社員のツイッターによる私的なつぶやきがネット上で炎上、企業にも苦情が大量に寄せられるなどの問題も後を絶ちません。日本新薬社員が「社員が懇意にしている薬局からハルシオン後発品を不正に入手し飲み会の時のお酒に入れた」旨をつぶやき、同社HP上にて正式に謝罪する事態に発展した事件や、ホテルの従業員がアイドルの利用した部屋の様子をツイートしたケースなど、記憶に新しいところでしょう。そのため、最近ではSNSの利用ガイドラインを作成している企業も少なくありません。

Retail brokers and other financial firms have been thinking about how they can use social media to boost their businesses. Morgan Stanley Smith Barney is considered a trailblazer when it comes to social media, but even they have been cautious in embracing the new technology.

"It's a new thing for the industry and it's a new thing for our company," said Lauren Boyman, director of digital strategy at Morgan Stanley Smith Barney. "It just takes time to get this done and make sure that we are supervising it in a way that's up to the standards of the firm."

Stringent rules governing what and how financial advisers and bankers can communicate are a key concern for financial companies wishing to use social media.

リテールブローカー（仲介業者）および他の金融会社は、事業を強化するためにソーシャル・メディアをどのように使用できるか思案を巡らしている。モルガン・スタンレー・スミス・バーニーはソーシャル・メディアに関しては先駆者と見なされているが、同社でさえこれらの新技術の採用には慎重な姿勢を見せてきた。
「業界にとって新しいものであり、われわれにとっても新しいものだ」と、モルガン・スタンレー・スミス・バーニーのデジタル戦略ディレクターのローレン・ボイマン氏は述べた。「設定して、当社の基準に準拠した方法で使用されているかどうかを監視するのは時間がかかる」。
ファイナンシャルアドバイザーや銀行員のコミュニケーション手段とその方法に関する厳しい規則が、ソーシャル・メディアを利用したいと考えている金融会社の足かせになっている。

単語の意味

- □ **boost** 動 B T ～を押し上げる、増加する
- □ **trailblazer** 名 開拓者、草分け
- □ **when it comes to～** T ～のこととなると、～に関して言えば
- □ **embrace** 動 ～を採用する、～を甘受する　名 受諾、包囲
- □ **strategy** 名 B T 戦略、方策
- □ **supervise** 動 B T ～を監督する、～を管理する
- □ **stringent** 形 T 厳しい、厳格な

10 Sharp slowdown in US jobs growth

The pace of US job creation slowed sharply in March. This brought back doubts about the health of the American economic recovery. Also, it delivered a blow to President Obama's re-election campaign.

Employers generated 120,000 new positions last month, which was far below economists' forecasts of 205,000. It was also the weakest rate of payroll formation since last October. The unemployment rate fell from 8.3% to 8.2%, but that improvement was the result of a decline in the number of people in the labor force as dispirited jobless workers gave up looking for work.

These signs of declining economic momentum took financial markets by surprise and were jumped on by Mr Obama's opponents. S&P futures fell 15.3 points in a short holiday session, after the worst weekly loss since mid-December.

Source: The Financial Times **Original Date:** 2012/04/07
Industry Category: Index **Topic:** Politics and Culture

Check! ☐ / ☐ / ☐ /

〈対訳〉
米国雇用の拡大、急激に後退

米国の雇用創出のペースが3月に急に失速した。これによって米国経済の健全性に対する懸念が再燃した。また、オバマ大統領の再選運動にも打撃を与えた。
先月、雇用主は12万人の新しい雇用を創出したが、それは経済専門家が予想した20万5000人をはるかに下回る数だった。また、先月は従業員総数が昨年10月以来の最低の率だった。失業率は8.3％から8.2％に下がったが、その改善は意気消沈した失業者が求職を諦めて、労働市場における人口が減ったからである。
こうした経済活動の勢いの衰えという兆候は金融市場を驚かせ、オバマ氏の競争相手から非難を浴びた。12月半ばに記録した最低の週単位の損失を受け、S&P先物は短い休暇期間中に15.3ポイント下落した。

単語の意味

- [ ] **bring back** 動 T 戻す、呼び戻す
- [ ] **doubt** T 動 疑う、疑問に思う　名 疑い、懸念
- [ ] **economic recovery** 名 B T 景気回復
- [ ] **blow** 名 打撃
- [ ] **generate** 動 T ～を発生させる、～を生み出す
- [ ] **forecast** B T 動 予想する、予測する　名 予想、予測
- [ ] **payroll** 名 B T 給与支払名簿、従業員総数
- [ ] **unemployment rate** 名 B T 失業率
- [ ] **labor force** 名 B T 労働力（人口）
- [ ] **momentum** 名 勢い、はずみ
- [ ] **financial market** 名 B T 金融市場
- [ ] **opponent** 名 対抗者、対立候補、敵

実際の『フィナンシャルタイムズ』や
『エコノミスト』を読みこなす方法を解説！

FT&Economistを読みこなすためのステップ❷

STEP 2

ヘッドライン＋最初の１文だけ読み

- ヘッドライン（見出し）と最初の1文だけを読む
- 記事の概要は1文目に凝縮されている
- 概要をつかむにはこれだけでもOK

ニュースで言いたいことはすべて、最初の１文に凝縮されています。このことは、どんな新聞・雑誌でも共通です。ストレートニュース（事実の報道）の概要をつかむなら、まずは「ヘッドラインと最初の１文」。覚えておきましょう。『FT』『The Economist（以下Economist）』をある程度読みこなせる英語力がある方でも、忙しい時には見出しだけを読めば、時間を短縮することが可能です。

この STEP に取り組む際には、『FT』なら「NEWS BRIEFING」、『Economist』はその週のサマリーページを使うとよいでしょう。また、『Economist』なら「The World This Week」も記事が簡潔で、初心者にも取り組みやすいです。

3章

ステージ3

レベル ★★★☆☆

【イケイケ中堅社員レベル】

ここで負けてられない!の10本

01 Electric cars in China: Not yet

BYD is a Chinese car and battery firm in Shenzhen. Visitors to the headquarters can take the E6, the firm's new electric car, for a drive. However, like the firm, the car is sluggish. BYD was once highly promoted, but their first-quarter profits plunged by 90% from a year ago, to $4.3 million. Three years ago, the Chinese government unveiled policies to push sales of all-electric vehicles to 500,000 by 2015 and 5 million by 2020. Barely 8,000 electric cars were sold last year, and most to the government.

Despite financial assistance, electric cars still cost more, and there is a lack of recharging stations. Still, Chinese car firms are keen to stay plugged in. SAIC plans to make electric cars and plug-in hybrids for the home market. Great Wall has announced a joint venture with a California firm to make electric cars for the global market, and BYD is producing a sleek electric car with Daimler.

Source: The Economist **Original Date:** 2012/05/05
Industry Category: Auto **Topic:** Manufacturing

Check! ☐ / ☐ / ☐ /

〈対訳〉

中国での電気自動車はまだ早いか

BYDは深圳《しんせん》にある中国の自動車およびバッテリーの企業である。BYD本社への訪問者は同社の新しい電気自動車であるE6を運転することができる。しかし、同社の業績同様、その車も伸び悩んでいる。BYDはかつて強く推進されたが、同社の第1四半期の利益は1年前から90%急落し、430万米ドルになった。3年前、中国政府は完全電気自動車の販売を2015年までに50万台、2020年までに500万台にする政策を発表した。しかし、昨年の電気自動車の販売数はわずか8000台で、ほとんどが中国政府への販売であった。

補助金はあるものの、電気自動車はまだ費用がより高く、再充電ステーションは不足している。それでも中国の自動車会社は電気自動車を切望している。SAICは国内市場向けに電気自動車およびプラグインハイブリッドの製造を計画している。グレートウォールは世界市場に向けた電気自動車をつくるために、カリフォルニアの企業との合弁事業を発表し、そしてBYDはダイムラーと華麗な電気自動車を生産中である。

単語の意味

- □ **sluggish** 形 B 不振の、のろい、機能が鈍い
- □ **once** T 副 一度、かつて 接 いったん～すると
- □ **profit** 名 B T 利益、収益
- □ **plunge** 動 B 急落する、飛び込む
- □ **unveil** 動 ～を明らかにする、公にする
- □ **policy** 名 T 政策、方針
- □ **vehicle** 名 T 乗り物（自動車、列車、船舶、航空機など）
- □ **barely** 副 T わずかに、ほとんど～ない、かろうじて、やっと
- □ **recharge** 動 再充電する
- □ **be keen to～** しきりに～したがっている
- □ **joint venture** 名 B T 合弁事業、共同事業
- □ **sleek** 形 滑らかな、流線型の、格好いい

02 Farewell to Incredible India

Without good leaders, India is destined for a period of lower growth. News that India's growth rate fell to 5.3% may not seem that big, but the rate is the lowest in seven years. Furthermore, the slowdown of India's economic miracle carries enormous social costs that could surpass the trouble in the euro zone.

The growth that India enjoyed from 2004 to 2008 promised to quickly lift hundreds of millions of Indians out of poverty. Jobs were expected for all the young people who will reach working age in the coming decades, one of the biggest population growths the world has seen.

Source: The Economist **Original Date:** 2012/06/09
Industry Category: Other **Topic:** Politics and Culture

Check! ☐ / ☐ / ☐ /

〈対訳〉
驚異的なインドとの別れ

優れたリーダーがいなければ、インドは低成長期を迎える運命にある。インドの成長率が5.3%に落ちたニュースはそれほど大きくは見えないかもしれないが、その率は過去7年間で最小だ。さらに、奇跡のインド経済が減速すれば、ユーロ圏の問題を超えるほどの巨大な社会的費用を生じさせる可能性がある。
2004年から2008年の間にインドを潤した成長は、何億人ものインド人を貧困から短期間で救い出す見込みがあった。仕事は、来る数十年の間に、世界でも最大の人口増加のひとつである、労働年齢に達する若い人々のために期待されていた。

単語の意味

- □ **destine** 動 運命づける　/　□ **growth rate** 名 B T 成長率
- □ **furthermore** 副 T さらに、その上に
- □ **social cost** 名 ソーシャルコスト、社会的費用
- □ **surpass** 動 T まさる、～をしのぐ
- □ **lift** 動 T ～を取り除く、やめる、持ち上げる、引き上げる
- □ **poverty** 名 貧困　/　□ **decade** 名 T 10年間

But now, after a drop in the currency, and a drying up of private investment, the miracle feels like a fantasy. A return to high growth depends on its politicians and its voters, but the signs are not good.

India's slowdown is due mainly to problems at home. The state is borrowing too much, crowding out private firms and keeping inflation high. India needs to rewrite tax and foreign-investment rules. It must also speed up big industrial and infrastructure projects, and finally, it must oppose corruption.

しかし現在、通貨が弱くなり、そして民間投資がなくなってきたため、その奇跡は幻想のように見えている。高成長に戻れるかどうかは政治家と有権者にかかっているが、兆候は好ましくない。
インドの減速は主に自国の問題が原因である。国はお金を借りすぎ、民間企業を締め出し、インフレ率を高いままにしている。インドは税金と外国投資に関する規則を書き直す必要がある。同様に巨大産業およびインフラのプロジェクトを早めなければならず、そして最終的に汚職に反対する必要がある。

単語の意味

- □ **currency** 名 B F T 通貨、貨幣
- □ **private investment** 名 B 民間投資
- □ **depend on〜** T 〜によって決まる、〜しだいである
- □ **due to〜** T 〜が原因で、〜のせいで、〜によって
- □ **crowd out** 締め出す、押しのける
- □ **finally** 副 T 最終的に、ついに
- □ **corruption** 名 汚職、腐敗、不正

参考

インドが推進する経済改革「ビッグバン」

財政赤字が6%に拡大し、格付け会社から国債の格付けを投資不適格に引き下げると警告を受けたインドでは、今、「ビッグバン」と呼ばれる経済改革が急ピッチで進行中。2012年9月には、小売、航空、放送の各分野で従来の外資規制を大幅に緩和すると発表。

これを受けて米ウォルマート、仏カルフール、英テスコなど、世界的な小売チェーンの進出が次々と決定していますが、一方で老朽化したインフラの再整備や大都市と地方の格差の拡大など、解決すべき問題も少なくありません。

03 Japan's trading houses: resourceful and energetic

The fortunes of Japan's large trading houses have tended to fluctuate with those of the country as a whole. But lately, while much of Japan is stagnant, companies like Mitsubishi and Mitsui have become prime movers in the world's natural-resources boom.

This is surprising. In an age of land-grabbing state capitalism, the sogo shosha could easily have been crushed by Chinese energy giants or sovereign-wealth funds. Instead, they have succeeded in a string of huge deals involving North American shale gas, vast Chilean copper mines, and Australian liquefied natural gas (LNG).

Source: The Economist **Original Date:** 2012/05/12
Industry Category: Other **Topic:** Politics and Culture

Check! ☐ / ☐ / ☐ /

〈対訳〉

日本の商社、資金豊富で精力的

日本の大手商社の運命は、概して国の運命と一緒に変動しがちであった。しかし最近、日本のほとんどは停滞気味だが、三菱商事や三井物産などの企業は世界の天然資源ブームにおける原動力になった。
これは驚くべきことだ。土地を奪っている国家資本主義の時代では、総合商社は中国の大手エネルギー企業や政府系ファンドによって簡単に負けていた可能性があった。しかし、彼らは北米のシェールガス、広大なチリの銅山、およびオーストラリアの液化天然ガス(LNG)などを含む一連の大型取引を成功させた。

単語の意味

- □ **fortune** 名 B 運勢、運命、富、財産
- □ **trading house** 名 B 商社
- □ **tend** 動 T 〜しがちである、〜する傾向がある
- □ **fluctuate** 動 B T 変動する、揺れ動く
- □ **as a whole** T 全体として(は)、概して
- □ **lately** 副 T 最近、近頃
- □ **stagnant** 形 B 停滞した、不景気な、鈍い
- □ **prime** 形 主要な、最も重要な
- □ **natural resources** 名 E T 天然資源
- □ **capitalism** 名 資本主義
- □ **sovereign-wealth fund** 名 F 政府系ファンド
- □ **deal** B T 動 取引する、商う 名 商取引、契約
- □ **liquefied natural gas** 名 E 液化天然ガス

They are backed by a lot of public financing from the Japan Bank for International Cooperation, but mostly make decisions independently. As The Economist went to press, Marubeni was reported to be on the verge of becoming one of the world's largest grain traders by buying Gavilon, an American company, for $5 billion. After a strong increase in commodities prices, some might question the timing, and it would not be the first time herd instinct has been a problem for the Japanese traders.

彼らは国際協力銀行からの多額の公的融資によって援助を受けているが、ほとんどの場合、意思決定は独自に行なっている。丸紅は米国企業ガビロンを50億米ドルで買収したことでいまや世界最大の穀物トレーダーのひとつになろうとしていると、エコノミスト誌は報道した。
商品価格の急騰の後であり、そのタイミングを疑問視する声もある。集団本能が日本の商社にとって問題だったのはこれが初めてではない。

単語の意味

- □ **public financing** 名 B 公的融資
- □ **make a decision** B T 決定する、決心する
- □ **independently** 副 独立して、自主的に
- □ **on the verge of～** 今にも～しようとして、～しかけて
- □ **grain** 名 穀物、穀類 / □ **increase in～** T ～の増加
- □ **commodities** 名 B 商品、日用品
- □ **herd** 動 集まる、群がる 名 群れ、民衆、群衆

参考

日本の商社が取り組む海外資源プロジェクト

1990年代から始まったロシア・サハリン州の油田、天然ガス田の壮大な開発プロジェクト（通称サハリンプロジェクト）の事業主体会社に対し、三井物産、三菱商事がそれぞれ25%、20%の出資をしています。

最近ではLPG需要が増える中、本命視される北米のシェールガス開発プロジェクトに熱い視線を送っています。三井物産や三菱商事、伊藤忠商事、丸紅、住友商事など、こぞってガス田の開発プロジェクトに参画。中でも最も積極的なのは三菱商事で、中部電力や東京ガスとの協力事業、単独投資なども合わせると、複数のプロジェクトに総額4800億円（今後の開発費も含む）を投じる計画です。

04 Nomura executives take pay cuts over insider trading leaks

Nomura, Japan's largest investment bank by revenues, said employees were the source of non-public information used by fund managers in three insider trading cases that have come to light this year. These were the new share issues of Tokyo Electric Power, Inpex and Mizuho, for which Nomura acted as underwriter.

Market participants have long complained that non-public information is leaked to specific investors ahead of new share issues, allowing them to profit from the difference. Japan's regulators and politicians have raised concerns that allegations of widespread insider trading have damaged the reputation of the Tokyo market and discouraged individual investors.

Source: The Financial Times **Original Date:** 2012/06/30
Industry Category: Financial/Insurance **Topic:** Politics and Culture

Check! ☐ / ☐ / ☐ /

〈対訳〉

野村證券役員、インサイダー取引リークによって減給

売上高で日本最大の投資銀行である野村證券は、今年明るみに出た3件のインサイダー取引事件において、ファンドマネージャーによって使用された非公開情報のソースは同社の従業員であったと発表した。これらは野村證券が証券引受業者であった、東京電力、インペックス（国際石油開発帝石）、およびみずほフィナンシャルグループの新規公開株だった。市場参加者は、新規株式公開の前に非公開情報が特定の投資家にリークされ、彼らが差益を手にしていると、長い間訴えていた。日本の監督当局と政治家は、広がっているインサイダー取引の申し立ては東京の証券市場の評判を傷つけ、個人投資家の投資意欲をそぐことになると懸念を表明している。

単語の意味

- □ **revenue** 名 B F T 収益、総収入
- □ **share** 名 B F T 株、株式
- □ **underwriter** 名 F （株式・公債などの）引受会社
- □ **leak** 動 ～をもらす 名 漏洩
- □ **ahead of～** T ～より先に、～より早く
- □ **raise concerns** 懸念を引き起こす
- □ **reputation** 名 T 評判、うわさ
- □ **discourage** 動 T ～を落胆させる

Nomura says lax internal controls and an excessive pursuit of profits partly led to staff leaking insider information. It stated that it would halve top executives' pay for several months, fire those responsible and suspend certain businesses.

Kenichi Watanabe, chief executive, will take a 50% pay cut for six months, while Takumi Shibata, chief operating officer, will take the same cut for five months starting from tomorrow. Mr.Watanabe's pay for the year ending March was 128 million yen.

手ぬるい内部規制と過剰な利益追求が一因となって、従業員が内部情報をリークすることにつながったと、野村證券は述べた。同社は、上級役員の給与を数カ月半減し、情報を漏らした社員を解雇し、そしていくつかの事業を一時停止すると発表した。
最高経営責任者の渡部賢一氏には6カ月間50%の減給、最高業務執行責任者の柴田拓美氏には5カ月間同率の減給を、明日から開始する。3月までの会計年度における渡部氏の給与は1億2800万円だった。

単語の意味

- □ **excessive** 形 T 度を越した、過度の
- □ **pursuit** 名 T 追求、追跡 / □ **halve** 動 ～を半分にする
- □ **suspend** 動 B T ～を営業停止にする、一時的に差し控える

参考

証券業界を揺るがした増資インサイダー問題

2012年3月以降、公募増資のインサイダー取引に関わったとして、野村證券、旧大和証券キャピタル・マーケッツ(現大和証券)、JPモルガン証券、SMBC日興証券など証券各社の摘発が相次ぎました。一方、処罰が軽すぎるとの声も強く、取引に関与した証券会社社員への外務員登録の永久停止処分の厳格化、証券会社への過怠金の最高額(5億円)の引き上げなどが検討されています。

05 Weather report: The euro crisis casts a chill over a sunnier economic picture

Until recently, the spring meetings of the International Monetary Fund (IMF) and World Bank, due to be held this weekend in Washington, DC, looked set to coincide with growing optimism about the world economy. However, the euro crisis is again casting an unseasonal chill. Things look brighter than they did even a few months ago. America's fragile recovery continues, and after a disastrous 2011, Japan is on track for 2% growth in 2012, thanks in part to a boost from reconstruction spending.

In addition, the European Central Bank's interventions in the banking system in December and February have pulled the euro area back from the edge. The IMF's newest World Economic Outlook pushes up expected global growth in 2012 to 3.5%, from 3.3% in January. In September last year, the IMF reckoned there was a 10% chance of global growth dipping below 2% in 2012. Now the chance is just 1%, it says.

Source: The Economist **Original Date:** 2012/04/21
Industry Category: Financial/Insurance **Topic:** Finance

Check! □ / □ / □ /

〈対訳〉

天気予報：ユーロ危機で暖かくなっている経済情勢は冷え込む

最近まで、ワシントンDCで今週末に開催予定である国際通貨基金（IMF）と世界銀行の春季会合は、世界経済への広がる楽観主義と一致するように見えていた。しかしながら、ユーロ危機はまた季節外れの冷え込みをもたらしている。状況は数カ月前よりも明るくなっている。米国の脆弱な景気回復は続き、そして、日本は大災害に見舞われた2011年が過ぎ、2012年には2%の成長を達成しようとしている。これはひとつには復興費用の後押しが影響している。
さらに12月および2月の欧州中央銀行による銀行システムへの介入はユーロを瀬戸際から引き戻した。IMFの最新の世界経済見通しでは、2012年の世界成長予想に発表された1月の3.3%から3.5%に引き上げられた。昨年9月に、IMFは2012年に世界成長が2%未満に下がる確率は10%であると発表した。今、IMFはその可能性は1%だとしている。

単語の意味

□ **coincide with～** T ～と一致する
□ **growing** 形 T 増大する、高まる　/　□ **optimism** 名 楽観主義
□ **euro crisis** 名 B ユーロ危機
□ **cast** 動 T ～を投げかける
□ **fragile** 形 T 壊れやすい、もろい
□ **recovery** 名 B T 回復、取り戻すこと
□ **disastrous** 形 悲惨な、損害の大きい
□ **thanks to～** T ～のおかげで、～の結果
□ **in addition** T 加えて、その上
□ **intervention** 名 B T 介入
□ **pull back** 引き戻す　/　□ **edge** 名 端、ふち
□ **outlook** 名 B T 見通し、展望
□ **reckon** 動 考える、憶測する

06 Thomas Cook: The high-street fixture is too big to fail

Thomas Cook, which is Europe's second-biggest tour operator, is having the worst year in its 170-year history. It has issued several profit warnings, and its chief executive was forced out in August. Last month it had to renegotiate the terms of its gross debt burden; lenders include Britain's four large high-street lenders. On November 22, Thomas Cook said it needs more funding.

Nowadays, holiday-booking is going online, but Thomas Cook has spent the past few years merging with high-street travel outfits. An August merger added another 460 shops. One securities firm commented that Thomas Cook didn't develop its internet business sufficiently.

Source: The Economist **Original Date:** 2011/11/28
Industry Category: Recreation **Topic:** Finance

Check! ☐ / ☐ / ☐ /

〈対訳〉

トーマス・クック：大手旅行会社は大きすぎて潰せない

トーマス・クックは、欧州で2番目に大きい旅行会社だが、170年の歴史で最悪の年を迎えている。その収益性にはいくつかの赤信号が灯っていて、8月には同社の最高経営責任者が解任された。先月は巨額債務の返済条件をめぐって再交渉に入らざるを得なくなっている。貸し手にはイギリスの大手4銀行が含まれている。トーマス・クックは11月22日にさらなる資金注入が必要であると発表した。
昨今では、休暇の予約はオンラインで行なわれている。だが、ここ数年のトーマス・クックは、大手旅行会社との合併に勤しんできた。8月の合併では460店舗が追加された。ある証券会社は、トーマス・クックはインターネットビジネスを十分に開拓していない、とコメントしている。

単語の意味

- □ **issue** 動 T 発する、出す、発行する　/　□ **terms** 名 B T 条件
- □ **gross debt** 名 B F 総額負債
- □ **funding** 名 B T 資金調達
- □ **merge with～** B T ～と合併する
- □ **outfit** 名 B 組織、団体
- □ **securities firm** 名 B T 証券会社
- □ **sufficiently** 副 T 十分に、たっぷりと

参考

日本の旅行業界に求められるサバイバルの条件

　大手旅行会社が厳しい状況に直面しているのは、わが国も同様。2010年3月期の決算で、最大手JCBは連結最終損益145億円と、初めて3桁の巨額な赤字に転落しました。他の老舗も軒並み大幅減収する中で唯一躍進したのがネット専業の楽天トラベルで、2009年12月の旅行取扱高は前年比17%増でした。

Thomas Cook is now working on a new strategy for the ailing British market. It is also replacing its bosses again. The company is looking for a new chief executive. Frank Meysman, who is a former boss at Sara Lee, will take over as the group's chairman December 1.

What next? Thomas Cook could sell some of its assets; private-equity companies might buy the group; the banks could seek a debt-for-equity swap, or the group might be broken up. For now, Thomas Cook is too big to fail as its creditors have lent it too much money. Thomas Cook was planning to report its full-year results on November 24. It postponed the announcement until discussions with its creditors are complete. The bankers are likely to give Thomas Cook another, though maybe the last, lease of life.

トーマス・クックは苦悩するイギリス市場で新たな戦略に取り組んでいる。また、同社は経営陣を入れ替え、新しい最高経営責任者を探している。サラ・リーの元トップであるフランク・マイズマン氏が12月1日に同グループの会長職を引き継ぐ予定だ。
次はどのような動きがあるだろうか。トーマス・クックは資産の一部を売却するかもしれないし、プライベート・エクイティ投資会社が同グループを買収する可能性もあるし、銀行団がデット・エクイティ・スワップ（債務の株式化）を求めるかもしれないし、あるいは、同グループは解体されるかもしれない。
今のところ、トーマス・クックは大きすぎて潰せない。債権者はあまりにも多くの資金を貸しているからだ。トーマス・クックは11月24日に通期業績を発表する予定だったが、債権者との交渉が完了するまで発表は延期されることになった。銀行側はトーマス・クックに対して、おそらくはこれが最後となる延命措置を施すことになるだろう。

単語の意味

- □ **strategy** 名 B T 戦略、方策
- □ **ailing** 形 B T 業績の振るわない、落ち込んでいる
- □ **replace** 動 B T 〜と取り替える、〜に取って代わる
- □ **take over** B T 引き継ぐ、後任になる
- □ **asset** 名 B F T 資産、財産
- □ **private-equity company** 名 F プライベート・エクイティ投資会社、非公開投資会社
- □ **debt-for-equity swap** 名 F デット・エクイティ・スワップ（債務の株式化）
- □ **creditor** 名 B F 債権者、貸し主
- □ **postpone** 動 T 延期する、延ばす

07 Shale gas will improve global security of energy supplies

Energy provides us with warmth. However, it can also fuel political tensions, both domestically and internationally, and turn up the heat of the planet. The oil crises of the 1970s brought power cuts and motorists lining up at the pumps.

Oil politics led to Iran threatening to close the Strait of Hormuz. Nearly 30% of the world's LNG is currently being shipped from Qatar and must pass through this narrow seaway. New supplies from Africa, Australia and the eastern Mediterranean would not face the same threat.

Source: The Financial Times **Original Date:** 2012/07/14
Industry Category: Oil **Topic:** Politics and Culture

Check! □ / □ / □ /

〈対訳〉

シェールガスはエネルギー供給の世界規模の安全を向上させる

エネルギーは私たちに暖かさを提供する。しかし、またエネルギーは国内的にも国際的にも政治的緊張を増幅させ、地球の温度を上昇させる。1970年代の石油危機は停電を引き起こし、ドライバーはガソリンスタンドの前に並んだ。
石油をめぐる政治的な動きは、イランにホルムズ海峡を閉鎖すると脅迫させるに至った。世界の液化天然ガスの約30％は現在カタールから運ばれており、この狭い海路を通過しなくてはならない。アフリカ、オーストラリア、および東地中海からの新しい供給であれば、同じ脅威に直面することはないだろう。

単語の意味

□ **provide** [動][T] ～を与える、供給する
□ **fuel** [動][T] ～をたきつける、～をあおる
□ **domestically** [副][T] 国内で、家庭内で
□ **turn up**～ [B] ～を上向かせる、～を上げる
□ **threaten** [動] ～をおどす、脅かす / □ **currently** [副][T] 現在
□ **ship** [動][B][T] ～を輸送する、～を船積みする、～を発送する、～を出荷する

Before shale gas appeared on the scene, about 60% of the world's total reserves were thought to be in Russia, Iran and Qatar. This suggested that gas suppliers might well form a union similar to OPEC, which for decades has done its best to direct global oil prices.

OPEC is able to function because its members have most of the oil and the market is global. The cartel can rapidly add to supplies or remove them from global markets, sending prices up or down. However, gas is different. Exports are supplied on long-term contracts that guarantee delivery many years ahead.

シェールガスが登場する前は、世界の全埋蔵量の約60%はロシア、イラン、およびカタールにあると考えられていた。このことはガス供給国が何十年も世界的な石油価格を操作してきたOPECと同様の同盟をつくるだろうことを示唆していた。

OPECは、その同盟国がほとんどすべての石油を持っており、市場は世界規模なので、機能することができている。カルテルは急激に世界的な市場から供給を追加または引き下げ、その結果価格を上げたり下げたりできる。しかしながら、ガスは異なる。輸出は長期的な契約に基づいて供給され、何年も先の引き渡しを保証している。

単語の意味

- □ **appear** 動 T 現れる、出現する
- □ **reserve** T 動 ～を蓄えておく 名 (石油の)埋蔵量、積立金
- □ **supplier** 名 B T 原料供給国、供給業者、納入業者
- □ **decade** 名 T 10年間
- □ **function** T 動 機能を果たす、役目を果たす 名 機能、役目
- □ **supply** B T 動 供給する、提供する 名 供給
- □ **remove** 動 T ～を取り除く、取り払う
- □ **long-term** 形 B T 長期の、持続的な
- □ **guarantee** B T 動 保証する、約束する 名 保証
- □ **delivery** 名 B T 配達、送付、配送

08 Food crisis fears as US corn soars

Is the world nearing another food crisis? It has become a worryingly familiar question. With the price of corn, soybeans and wheat soaring for the third summer in five years, the prospect of another price shock is once again becoming a major concern for both investors and politicians.

This marks a huge change from just a few weeks ago, when traders were expecting bumper crops and policy makers were comforting themselves that if nothing else, falling commodity prices would offer some relief to the troubled global economy.

Source: The Financial Times **Original Date:** 2012/07/14
Industry Category: Food/Drink **Topic:** Agriculture and Food

Check! ☐ / ☐ / ☐ /

〈対訳〉

米国産トウモロコシの価格急騰で、食料危機の懸念

世界は新たな食料危機に近づいているのか？　これは憂うほどありふれた質問になった。トウモロコシ、大豆、小麦の価格が5年間で3度上昇したために、新たな価格衝撃の可能性がふたたび投資家と政治家の両者にとって大きな懸念材料となっている。

これは、わずか数週間前に、トレーダーは大豊作を予想していて、政策担当者は他の要因はともかく、商品価格が下がれば低迷する世界経済にいくらかの安心感を与えるだろうと胸をなでおろしていた。

単語の意味

□ **crisis** [名][B][T]危機、難局

□ **familiar** [形][T]よく知られた、普通の　/　□ **soybean** [名]大豆

□ **wheat** [名]小麦　/　□ **soar** [動][B]急に上がる、急上昇する

□ **prospect** [名][B][T]見込み、可能性、見通し

□ **concern** [T][動]心配する、関係する　[名]懸念、関心事

□ **bumper** [名]豊作、満員　/　□ **crop** [名][T]作物、農作物

□ **comfort** [T][動]元気づける　[名]快適さ

□ **commodity price** [名][B]商品価格、物価

□ **relief** [名][T]安堵、安心

But since then, intense heat and a lack of rain across the US has dried up the country's corn and soybean crops, with the US Department of Agriculture this week making the largest downward revision to its estimate for a corn crop in a quarter of a century.

The US is central to supplying the world with food. It is the largest exporter of corn, soybeans and wheat, accounting for one in every three tones of the grains traded on the global market.

しかし、それ以来、米国各地での猛烈な暑さと雨不足は、米国のトウモロコシと大豆の収穫を干上がらせた。それを受け、今週、米国農務省はトウモロコシの収穫の見通しについて、四半世紀で最大の下方修正を行なった。

米国は世界に食糧を供給する中心である。米国はトウモロコシ、大豆、および小麦の世界最大の輸出国で、世界市場で取引されている穀物のうち、重量ベースで全体の3分の1を占める。

単語の意味

- □ **intense** [形] [T] 強烈な、激しい
- □ **dry up** からからに乾かす、干上がらせる
- □ **downward** [B] [形] 下の方への、下向きの　[副] 下の方へ、下向きに
- □ **revision** [名] [B] [T] 修正、改正
- □ **estimate** [B] [T] [動] 推定する、見積もる　[名] 推定、見積もり
- □ **account for～** [B] [T] ～の割合を占める、～から成る
- □ **grain** [名] 穀物、穀類

参考

主要穀物価格高騰の原因

2012年6月以降、米国では深刻な干ばつの影響からトウモロコシと大豆の価格が急騰、過去最高額を更新しています。小麦もロシアなどが減産見込みで、同じく過去最高まで高騰しています。

1970年以降の穀物価格の推移をみると、主要産地の天候要因によって価格が急騰する局面は何度かありましたが、2006年以降は上昇が続いており、その流れの中で今回の天候要因が加わり、一気に高騰したわけです。2006年以降の上昇要因は主に新興国の需要増加で、とくに中国では、食肉消費量の増加とともに、飼料用穀物の需要が大きく拡大しています。

09 Samsung concerned as China austerity moves curb demand

Samsung has expressed concerns over weakness in Chinese consumer spending. Consumer sentiment has been dampened by government austerity measures. People are reacting and turning against spending on technology products.

The chief executive of Samsung Electronics China said the overall market for technology goods in China would probably grow by only about 7% this year, down from 10% in 2011. He pointed to disappointing sales of televisions during the "Golden Week" holiday at the beginning of May as evidence of slow demand. A Chinese slowdown would have serious implications for a global economy already hit by the eurozone crisis.

Source: The Financial Times **Original Date:** 2012/05/21
Industry Category: Retailers/Distributors **Topic:** Retail and Service

Check! ☐ / ☐ / ☐ /

〈対訳〉

中国の緊縮経済が需要を抑制、サムスンが懸念

サムスンは中国の個人消費が弱まったことに懸念を示した。消費者心理は中国政府の緊縮政策によって冷えこんだ。人々は技術製品への消費に背を向けるようになっている。

サムスン電子中国の最高経営責任者は、今年の中国における技術製品の全体的なマーケットは、2011年の10%から落ちこみ、わずか7%の成長になるだろうと述べた。また同氏は、5月初めの「ゴールデンウィーク」休暇期間におけるテレビの売上不振が緩慢な需要の証拠であると指摘した。中国の経済が失速すれば、すでにユーロ圏危機で打撃を受けている世界経済へ重大な意味合いを持つことになるだろう。

単語の意味

- □ **express concern** [T]懸念を示す、懸念を表明する
- □ **consumer spending** [名][B][T]消費者支出、個人消費
- □ **consumer sentiment** [名][B]消費者心理
- □ **dampen** [動]～をくじく、そぐ、鈍らせる
- □ **austerity measures** [名]金融引き締め政策、緊縮政策
- □ **overall** [T][形]全般的な、全体の　[副]全体として、概して
- □ **point to** [T]指す、指し示す
- □ **disappointing** [形][T]失望させるような、期待外れの
- □ **demand** [B][T][動]～を求める、要求する　[名]需要、要求
- □ **slowdown** [名][B]減速、景気後退
- □ **implication** [名][T]ほのめかし、暗示するもの
- □ **global economy** [名][B]世界経済、国際経済

The comments highlight anxiety about one of the key growth engines in the world's second-biggest economy: consumer demand. "It is a concern. The situation is not ideal," said Mr Kim. His comments come amid signs of slowing growth in China, home to the world's biggest internet, smartphone and flat-panel TV markets.

China has been seeking to reorient its economy towards domestic consumption. However, a survey of consumer confidence published by Nielsen last week indicated cooling towards discretionary spending. Official statistics show that retail sales growth slowed to 14.1% in April, the lowest in more than a year.

これらの意見は、世界第2位の経済大国の主要な成長原動力のひとつである消費者需要への懸念を表している。「心配している。状況は理想的ではない」と金氏は言う。同氏の意見は、世界最大のインターネット、スマートフォン、およびフラットパネルテレビ市場の本拠地である中国の成長が失速する兆しを見せている中で発表された。
中国は自国経済を国内消費に向けようとしている。しかし、ニールセンによって先週発表された消費意欲に関するアンケートは、消費支出の冷え込みを示唆していた。中国政府の統計は、小売売上の成長が4月に1年以上振りの最低水準となる14.1％に落ちたことを示している。

単語の意味

- □ **highlight** B T 動 強調する　名 呼び物
- □ **anxiety** 名 T 心配、不安
- □ **consumer demand** 名 B T 消費者需要、消費需要
- □ **amid** 前 ～のまん中に、～の真っただ中に、～の最中に
- □ **seek** 動 T ～しようとする、捜し求める
- □ **domestic consumption** 名 B T 国内消費、内需
- □ **survey** B T 動 調査する、概観する　名 調査、概観
- □ **consumer confidence** 名 B 消費意欲
- □ **discretionary spending** 名 裁量（消費）支出、自由に使える支出
- □ **statistics** 名 B T 統計　/　□ **retail sales** 名 B T 小売

10 Waiting for the sun: Is the sun the answer to India's energy problems?

Near the border with Pakistan lies half a billion dollars' worth of solar-energy technology paid for by firms from all over the world. A million panels stretch as far as the eye can see.

Gujarat in India has plenty of sun and flat land. The country is energy-hungry, but electricity supply is sporadic. Solar power could replace costly diesel generators, and solar parks are easier to build than the usual power plants.

Source: The Economist **Original Date:** 2012/04/28
Industry Category: Utilities **Topic:** Politics and Culture

Check! ☐ / ☐ / ☐ /

〈対訳〉

太陽を待つ　太陽はインドのエネルギー問題の解決策か？

パキスタンとの国境近くに、世界中の企業が建設費用を拠出した5億米ドル相当の太陽エネルギー技術がある。見渡すかぎりあたり一面に無数のパネルが広がっている。
インドのグジャラートは太陽と平地に恵まれた地である。インドではエネルギーが不足しているが、電気の供給は不安定だ。太陽光発電は費用がかかるディーゼル発電機の代替手段になる可能性があり、そしてソーラーパークは通常の発電所を建てるよりも容易だ。

単語の意味

□ **border** 名 T 国境　/　□ **lie** 動 ある、横たわる
□ **worth of～** T ～の価値がある、～に値する
□ **stretch** 動 広がる、伸びている、及ぶ
□ **as far as～** T ～の範囲までは、～に関する限りは
□ **plenty of** たくさんの　/　□ **electricity supply** 名 E 電力供給
□ **sporadic** 形 ばらばらの、ちりぢりの
□ **solar power** 名 E 太陽エネルギー、太陽光発電
□ **replace** 動 B T ～に取って代わる
□ **diesel generator** 名 E ディーゼル発電機
□ **power plant** 名 E 発電所

参考

メタンハイドレートで日本が資源大国に？

米国ではシェールガスの増産が進んでいますが、日本近海には、やはり未来のエネルギーといわれるメタンハイドレートがあるといわれています。その量は世界でも有数で、南海トラフには最大推定埋蔵域があり、北海道周辺と新潟沖、南西諸島沖にも存在します。

The new park has just over 200 megawatts of capacity running, making it the biggest site in India. It took 16 months to build. No one builds nuclear power stations nearly that fast.

Two other factors make an Indian solar boom seem possible. Conventional energy in India means burning cheap but dirty local coal. As the state coal company is unable to dig up enough of it, power firms are forced to buy expensive imported coal. Hopes that India might find abundant natural gas off its coast have gone. Meanwhile, the cost of solar equipment has fallen by a third since 2010, reckons Alan Rosling of an American solar energy firm. Cheaper solar and expensive conventional power have convinced many that solar will soon become a competitive market.

この新しいパークは200メガワット強の容量を発電し、インドで一番大きな発電所になっている。建設には16カ月を要した。原子力発電所を同様の短期間で建設することはとうていできない。
他の2つの要因がインドのソーラーブームを可能にしていると考えられている。インドの従来型のエネルギーとは、低価格だが大気汚染を引き起こす現地産の石炭を燃やすことだ。しかし国営の石炭会社は十分な量の石炭を掘り出すことができないので、電力会社は高価な輸入石炭を購入せざるを得ない。インドの沿岸で豊富な天然ガスが見つかるかもしれないという可能性は消えてしまった。
一方、ソーラー設備の費用は2010年から3分の1ほど低くなったと、米国の太陽エネルギー会社のアラン・ロスリング氏は見ている。安価な太陽光発電と高価な通常発電を目の前に、多くの人が太陽光発電はすぐに競争市場になると確信した。

単語の意味

- □ **site** 名 T 場所、用地
- □ **nuclear power station** 名 E 原子力発電所
- □ **factor** 名 T 要因、要素
- □ **conventional** 形 T 従来の、伝統的な
- □ **coal** 名 E 石炭　/　□ **be forced to〜** T 〜せざるを得ない
- □ **abundant** 形 T 豊富な、あり余る
- □ **meanwhile** 副 一方では、その間に
- □ **equipment** 名 T 機器、装備、設備
- □ **reckon** 動 考える、憶測する
- □ **convince** 動 T 確信させる、納得させる

実際の『フィナンシャルタイムズ』や
『エコノミスト』を読みこなす方法を解説！

FT&Economistを読みこなすためのステップ❸

STEP 3

ヘッドライン＋最初のパラグラフだけ読み

- ヘッドライン（見出し）と最初の段落だけを読む
- 2段落目以降の展開を推理しながら読むことで、記事全体のリーディングスピードをアップ

STEP２で言ったように、最初の１文には「記事全体の概要」が凝縮されていますが、最初のパラグラフには「記事全体を理解しやすくするための情報」が入っています。書き手は、読者が記事全体の内容を理解する下準備をしているのです。これは『FT』『Economist』のみならず、『The Wall Street Journal（以下WST）』など、他の英字新聞や週刊誌でも同じです。読みながら、以降の記事の展開を推理します。これを習慣にすると英語力がアップするだけでなく、リーディングのスピードがアップします。情報収集のスピードが上がるので、それだけ周囲と差をつけることができます。

4章

ステージ4

レベル ★★★★☆
【やり手の管理職レベル】

ゴールが見えてきたよ!の10本

01 The Becks Effect: Major League Soccer's big investment seems to have paid off

David Beckham and his team LA Galaxy may win the Major League Soccer Cup. If this happens, it will provide a happy ending to his American adventure. Mr Beckham joined the team on a record-breaking salary in 2007. It has been dominant this year and enters the final as a hot favorite. When Major League Soccer (MLS) recruited Mr Beckham, it was more interested in what he could do off the field. Mr Beckham was unlike any soccer player before him. He had figured out how to commercialize his fame, and America's aspiring league wanted to brand itself like him.

Source: The Economist **Original Date:** 2011/11/21
Industry Category: Other **Topic:** Politics and Culture

Check! ☐ / ☐ / ☐ /

〈対訳〉

ベッカム効果：メジャーリーグサッカーの大規模な投資は成功した模様

デビッド・ベッカムと彼が所属するチームのLAギャラクシーは、メジャーリーグサッカーの優勝杯を獲得できる可能性がでてきた。これが実現すれば、彼の米国での冒険にハッピーエンドがもたらされるだろう。ベッカムは2007年、記録的な報酬でチームに加入。チームは今年圧倒的な強さを見せており、優勝最有力候補として決勝に進出する。メジャーリーグサッカー(MLS)がベッカムを獲得した際、彼がフィールド外でどんな活躍をするかのほうに関心が集まっていた。ベッカムは、それまでにはいなかったタイプのサッカープレーヤーだった。彼は、その名声をいかに商品化すべきかを理解し、そして意欲的な米国のリーグは、彼のように自らをブランド化することを希望した。

単語の意味

- □ **pay off** [B] 利益をもたらす、報われる
- □ **record-breaking** [形] 記録破りの、新記録の
- □ **dominant** [形] [B] [T] 優勢な
- □ **figure out** [T] 考え出す、見つけ出す
- □ **commercialize** [動] [B] [T] 商品化する、商業化する
- □ **fame** [名] 名声、有名(なこと)
- □ **aspiring** [形] 野心に燃える、意欲的な

参考

4大スポーツに迫るMLS人気

近年のMLSは北米の4大スポーツ(NFL、MLB、NBA、NHL)に迫る人気。2011年は約546万人を動員。イチロー選手がいたマリナーズの本拠地シアトルでは、MLBを観客動員がはるかに上回る逆転現象も。『フォーブス』では、ベッカム選手の所属するロサンゼルス・ギャラクシーのクラブ価値は約1億ドルとしています。

The cost to bring Mr Beckham to America was spread evenly among the MLS teams. The goal was to boost the image of professional soccer in America. The MLS seems pleased with its investment; average game attendance is up. Many agree that Mr Beckham has been a catalyst in helping soccer make the paradigm shift to being cool. Before Beckham, the best American athletes would switch from soccer to other sports, such as American football. There they found better earnings and more fame. Now, young soccer players see Mr Beckham enjoying a rich life with a beautiful wife, so they are more likely to keep playing soccer.

Mr Beckham's star power has helped the league. Television viewing figures are rising, and new clubs have sprung up. If professional soccer really does take off, Mr Beckham may reap the benefit. That is if he decides to buy an MLS team of his own.

ベッカムを米国に呼び寄せる費用は、MLSのチーム間で均等に負担された。その目標は、米国でプロサッカーのイメージを高めることだった。
MLSは、その投資に満足しているようだ。平均観客数が増加したのである。多くの人が、サッカーがパラダイムシフトを起こしてクールなスポーツになるのを支援するため、ベッカムが促進剤の役割を果たしていることに同感である。ベッカムが加入する以前、米国で最高のアスリートたちは、サッカーからアメリカンフットボールなどの他のスポーツにくら替えしたものだった。そうすることで収入が増え、知名度も高まることになった。今や若手のサッカープレーヤーは、ベッカムが美しい妻と豊かな生活を楽しんでいるのを見ている。したがって、彼らはサッカーを続けようとする傾向が強くなっている。
ベッカムのスターとしての力が、リーグを支えている。テレビの視聴率は上昇し、そして新たなクラブも誕生している。プロサッカーが本格的に人気を博すならば、ベッカムも恩恵を受けるだろう。すなわち、それは彼が自分自身のMLSチームを買収することを決断した場合だ。

単語の意味

- □ **spread** [T][動]～を広げる、散らばる [形]広がった、伸びた
- □ **boost** [動][B][T]～を押し上げる、～を増加する
- □ **investment** [名][B][T]投資、出資
- □ **attendance** [名][T]観客動員数
- □ **catalyst** [名]触媒、きっかけ / □ **athlete** [名]運動選手、競技者
- □ **earnings** [名][B][F][T]収入、収益、所得
- □ **be likely to～** [T]～しそうである
- □ **viewing figure** [名]視聴率

02 Beijing Motor Show: China raises red flag to spur local carmakers

Several of China's leading carmakers are relaunching brands from the past. These include Mao Zedong's famous Red Flag limousine. They are trying to capitalize on nostalgia for an era when China made very few cars, but those they made were grand ones. There is little evidence that Chinese car buyers want to return to the good old days when state-owned manufacturers made cars named after Beijing, Shanghai or the red flag of communism.

Source: The Financial Times **Original Date:** 2012/04/23
Industry Category: Auto **Topic:** Manufacturing

Check! ☐ / ☐ / ☐ /

〈対訳〉

北京モーターショー：自動車メーカーを勢いづけるために赤旗を揚げる中国

複数の中国有数の自動車メーカーは過去のブランドの販売を再開している。これらには毛沢東の有名な赤旗リムジンも含まれる。彼らは、中国がほとんど車を作っていなかった時代に感じるノスタルジアを利用しようとしているが、その当時製造されていたのは、豪華な車だったのである。国営メーカーが、北京、上海、または共産主義の赤旗にちなんで名付けた自動車を製造していた古き良き時代に、今の中国人自動車購入者が戻りたいと考えている兆候はほとんどない。

単語の意味

□ **leading** 形 B T 主要な、一流の、先導する
□ **relaunch** 動 再開する
□ **brand** 名 B T ブランド、銘柄、商標
□ **capitalize on～** ～を十分に利用する、～に資本を投下する
□ **era** 名 時代、時期　/　□ **evidence** 名 T 証拠、根拠
□ **state-owned** 形 国有の、国営の
□ **manufacturer** 名 B T メーカー、製造業者
□ **name after～** T ～にちなんで名付ける

参 考

中国の自動車メーカーは発展途上

世界の自動車産業にとって中国は最もホットな市場ですが、中国国内の自動車メーカーはまだ未成熟。120を超えるメーカーが乱立、合併や統合も日常茶飯事のようです。他国メーカーの車両やエンブレムの模倣、安全性の問題等も指摘されています。2011年の中国国内乗用車シェアをみても、1位VW（独・17.8%）、2位GM（米・9.9%）、3位現代《ヒュンダイ》自動車（韓・9.4%）、4位トヨタ（6.8%）で、ベスト10には中国メーカーは奇瑞汽車の1社のみ（6位）です。

China may be the world's largest car market, but China has yet to build a car industry to be proud of. Foreign carmakers dominate the market, and the local industry is losing market share. Chinese manufacturers are hoping to reverse that trend by unveiling a range of bigger, nicer, sportier and more innovative models at the Beijing Motor Show.

Analysts say it could be a critical moment for the Chinese industry, which has less than 30% of the local market. Even three decades after Beijing set out to build a world class car industry, Chinese brands remain stuck in the hyper-competitive low end of the market.

中国は世界最大の自動車マーケットかもしれないが、誇れるような自動車産業をまだ育て上げていない。外国の自動車メーカーが中国のマーケットを支配し、中国の現地産業はマーケットシェアを失いつつある。中国の製造業者は、より大きく、快適で、見栄えが良く、そして革新的なモデルを北京モーターショーで公表して、この流れを変えたいと考えている。アナリストによると、それは中国マーケットで30％未満のシェアしか持たない中国産業にとって重大な局面になる可能性があるという。北京が国際的な自動車産業の育成に着手してから30年たったいまでも、中国ブランドの自動車は市場の競争が激しい低価格帯にとどまったままである。

単語の意味

- □ **have yet to～** T まだ～していない
- □ **be proud of～** T ～を自慢に思う、～に満足する
- □ **dominate** 動 B T ～を支配する、～を牛耳る
- □ **local industry** 名 B 現地産業、地場産業
- □ **reverse** 動 T ～を入れかえる、～を反対にする
- □ **unveil** 動 T ～を明らかにする、公にする
- □ **innovative** 形 B T 革新的な、刷新的な
- □ **critical** 形 T 重大な、決定的な、危機の、批判の
- □ **decade** 名 T 10年間
- □ **set out to～** ～し始める、～に着手する、～するつもりがある
- □ **stuck** 動 T stick「～を動けなくする、行き詰まらせる」の過去、過去分詞
- □ **competitive** 形 B T 競争の激しい、競争的な、競争力のある

03 J Crew's expansion plan bypasses Europe and heads directly to Asia

J Crew is the US contemporary fashion label favored by Michelle Obama, the US first lady. It will launch its first bricks-and-mortar presence outside North America in Hong Kong and Beijing this autumn, bypassing Europe.

The retailer, known for its mid-priced basics-with-a-twist, had revenues of $2 billion last year. It will announce today that it has entered a partnership with Lane Crawford, the fashion-forward Asian department store chain. J Crew already ships to 103 countries around the world via ecommerce sites, but all of its 238 physical stores are located in the US or Canada.

Source: The Financial Times **Original Date:** 2012/06/11
Industry Category: Retailers/Distributors **Topic:** Retail and Service

Check! ☐ / ☐ / ☐ /

〈対訳〉

Jクルーの拡張計画、ヨーロッパを素通りしアジアに直接向かう

Jクルーは、米大統領夫人ミシェル・オバマ氏お気に入りの米国コンテンポラリーファッションレーベルだ。今秋、同社は北アメリカ以外での最初の実店舗を、ヨーロッパを素通りして、香港と北京に開く。
中間価格のひねりがあるベーシックで知られている同社の昨年の売上は20億ドルだった。本日、同社は流行に敏感なアジア系デパートのレーン・クロフォードとパートナーシップ提携することを発表する。
Jクルーは、すでにEコマースサイトを介して世界中103カ国に出荷しているが、同社の全238店舗は米国またはカナダにしかない。

単語の意味

- □ **contemporary** 形 T 現代の、当代の
- □ **label** 名 B T ラベル、商標、レーベル
- □ **launch** B T 動 開始する、～を始める 名 開始
- □ **bypass** 動 ～を飛び越す、～を迂回する 名 バイパス、迂回路
- □ **retailer** 名 B T 小売業者、小売店
- □ **revenue** 名 B F T 総収入、収益
- □ **ship** 動 B T ～を発送する、～を出荷する、～を輸送する、～を船積みする

参考

ファンドに買収されたJクルー

　Jクルーは、1983年創業の米国のカタログ販売のパイオニアで、マルチブランド、マルチチャンネルで展開しています。日本ではレナウンが伊藤忠商事を通じてライセンス販売していましたが、2009年に撤退しました。2009年のJクルーの売上は15億7900ドルで、従業員数は1万2000人。2010年、TPGキャピタルとレナード・グリーン・パートナーズによって買収されました。

The wholesale arrangement with Lane Crawford will lead to J Crew openings within the department stores in Hong Kong and Beijing this autumn. The brand will also be available on LaneCrawford.com. It will expand into four further Lane Crawford stores over the next few months, as well as the Shanghai flagship store planned for next year.

J Crew's decision to head to Asia before Europe, the traditional first stop for US brands heading abroad, in part reflects the new reality of the contemporary market in China.

レーン・クロフォードとの卸売り協定により、今秋、香港および北京における同デパート内に、Jクルーの店舗が開店されることになる。さらにJクルーはLaneCrawford.comでも購入できるようになる。Jクルーは今後数カ月間にさらに4つのレーン・クロフォード店を展開し、来年には上海の主力店舗も予定されている。
米国ブランドが海外展開する際に、伝統的に最初の地点であったヨーロッパではなく、アジアに向かうJクルーの決定は、中国の最新のマーケットの新しい現実をある意味で反映している。

単語の意味

- □ **wholesale** B T 形 卸売りの 名 卸売り
- □ **lead to〜** T 結果として〜に導く、〜につながる、〜をもたらす
- □ **brand** 名 B T ブランド、銘柄、商標
- □ **available** 形 T 利用できる、入手できる
- □ **expand** 動 B T 拡大する、拡張する
- □ **A as well as B** T BとAも、BのみならずAも
- □ **flagship store** 名 B 旗艦店、主力店舗

04 Personalizing online prices

The internet, by allowing anonymous browsing and rapid price-comparing, was supposed to mean low, and equal prices for all. Now, however, online retailers are being offered software that helps them detect shoppers who can afford to pay more or are in a hurry to buy. Then they can present pricier options to them or simply charge more for the same item.

Cookies stored in shoppers' web browsers may reveal where else they have been looking, giving some clues as to their income bracket and price-sensitivity. The most up-to-date price customisation software can collate such clues with profiles of individual shoppers.

Source: The Economist **Original Date:** 2012/06/30
Industry Category: Retailers/Distributors **Topic:** Technology and Communication

Check! ☐ / ☐ / ☐ /

〈対訳〉

オンラインの価格を個人的にする

匿名での閲覧および迅速な価格比較を許可することで、インターネットはすべての人にとって低く平等な価格を提供するはずだった。しかし、現在、オンライン小売業者は、より高く支払う余裕がある買い物客、または購入を急いでいる買い物客を見分けるソフトウェアを使用できるようになった。オンライン小売業者は、買い物客によって値段の高い選択肢を提供したり、または同じ商品を高く請求したりできる。
買い物客のウェブブラウザーに保存されたクッキーは、彼らが他になにを探しているか、彼らの所得階層および価格感応性を明らかにすることもある。最新の価格個別化ソフトウェアは、個別の買い物客のプロフィールによってそのような手がかりを照合することができる。

単語の意味

- □ **allow** [動][T]～を許す、～を認める
- □ **anonymous** [形]匿名の、名のわからない
- □ **be supposed to～** [T]～することになっている、～すると予想される
- □ **retailer** [名][B][T]小売業者、小売店
- □ **charge** [B][T][動]～を請求する　[名]料金
- □ **reveal** [動][T]～を明らかにする、示す
- □ **clue** [T][動]～に解決の手がかりを与える　[名]手がかり、ヒント
- □ **bracket** [名]階層、集団
- □ **collate** [動]照合する

One of the few big online firms to admit to using such techniques is Orbitz, a travel website. Its software detects whether people browsing its site are using an Apple Mac or a Windows PC and, since it has found that Mac users tend to choose pricier hotels, that is what it recommends to them.

Orbitz stresses that it does not charge people different rates for the same rooms. But some online firms are believed to be doing just that, for instance by charging full price for those assumed to be willing and able to pay it, while offering promotional prices to the rest.

そのような技術を使用していることを認めた大手オンライン大企業の一社が、旅行サイトのオービッツだ。同社のソフトウェアは、同社のサイトを閲覧している人がアップルのマック、ウィンドウズPCのどちらを使用しているかを判断し、マックユーザーは値段の高いホテルを選ぶことがわかっているので、そのような選択肢をマックユーザーに勧める。
オービッツは、人によって同じ部屋を異なる価格で請求してはいないと主張している。しかしそのようにしているオンライン企業も存在すると考えられている。例えば、正規料金を支払うことを厭わない人には正規料金を請求し、それ以外の人には割引価格を提供するといったことだ。

単語の意味

- □ **admit to～** 動 T ～を認める、許容する
- □ **detect** 動 ～を見つける、見抜く
- □ **tend to～** T ～しがちである、～する傾向がある
- □ **stress** 動 T ～を強調する
- □ **assume** 動 T 仮定する、推測する

参考

日本は世界第2位

　スイスの金融大手クレディ・スイスが2012年10月に発表した最新の世界富裕層ランキングをみると、純資産100万ドル（約8000万円）以上を持つ富裕層は、日本に約360万人いるそうです。トップの米国は約1102万人、3位はフランス約228万人でした。なお、5000万ドル（約40億円）以上の純資産を持つ超富裕層は、日本人は約3400人で4位。1位は約3万8000人の米国が断トツで、2位は中国（約4700人）、3位ドイツ（約4000人）でした。日本の富裕層は前年より約8万3000人増え、予測では17年には540万人になるとされ、不景気でも富裕層は増えているようです。

05 Chinese brands in Britain

Bosideng is a large Chinese clothing retailer. It will launch a new flagship menswear store near a posh shopping district in London on July 26. Fewer than 10% of the clothes will be manufactured in China. The London store is not Bosideng's first shop outside China. The firm owns Greenwoods, a Yorkshire-based clothing retailer.

Bosideng is best known in China as a mid-market maker of warm jackets. But in Britain it will sell expensive dress shirts and trousers. It plans to trade on exclusivity by making no more than 50 pieces of any item.

Source: The Economist **Original Date:** 2012/07/21
Industry Category: Clothing **Topic:** Retail and Service

Check! ☐ / ☐ / ☐ /

《対訳》
イギリスでの中国ブランド

ボスドンは中国の巨大衣料品小売業者だ。同社は新しい紳士服旗艦店を、ロンドンのおしゃれなショッピングセンターに7月26日に開店する。取り扱われる衣類のうち、中国で製造されるのは10％未満である。このロンドン店はボスドンが中国国外に持つ最初の店ではない。同社はヨークシャーにある衣料品小売業者のグリーンウッズを所有している。ボスドンは中国でウォームジャケットの中間市場メーカーとして最もよく知られている。しかしイギリスでは、高価なドレスシャツやパンツを売る。ボスドンは、どの商品も50点以上をつくらないようにして、排他性を利用した販売計画をしている。

単語の意味

- □ **retailer** 名 B T 小売業者、小売店
- □ **launch** B T 動 開始する、～を始める　名 開始
- □ **flagship** 名 B 旗艦店、主力店舗
- □ **posh** 動 ～をしゃれたものにする　形 しゃれた、豪華な
- □ **district** 名 T 地区、区域
- □ **manufacture** 動 B T 製造する
- □ **trousers** 名 ズボン、パンツ　/　□ **exclusivity** 名 排他性
- □ **item** 名 B T 品物、品目、項目

参考

ボスドンとは？

「ボスドン(波司登)」は、2006年に設立されたアパレルメーカーで、ダウンジャケットを中心とした冬物衣料で急成長しました。中国国内では冬物衣料を専門とする店舗が8344店、レディースとメンズのデイリーウェアを取り扱う店舗が1672店もあります。従業員数は2690名(2012年3月現在)、株式の時価総額は1689億円です。

It may as well be a different brand. Even the logo is different. Indeed, there is surprisingly little that is Chinese about Bosideng London. Its line is designed by British designers and inspired by British style with Chinese elements. No items from Bosideng's nearly 11,000 shops on the Chinese mainland will be available in London, and Chinese consumers eager to get hold of the London label will have to make the trek to Britain.

これは異なるブランドと言った方が良いかもしれない。ロゴさえ異なっている。事実、ボスドン・ロンドンには中国らしいところが驚くほどほとんどない。その商品ラインはイギリスのデザイナーによって手がけられ、中国的要素にイギリス風のスタイルが吹き込まれている。中国本土にあるボスドンの約1万1000店舗からの商品はロンドンでは入手できない。また、ロンドンレーベルを手に入れたい中国の消費者はイギリスまで行く必要がある。

単語の意味

□ **indeed** 副 実に、全く
□ **surprisingly** 副 T 驚くほどに、意外に
□ **inspire** 動 T ～を鼓舞する、～を奮起させる
□ **element** 名 T 要素、成分
□ **available** 形 T 利用できる、入手できる
□ **consumer** 名 B T 消費者　/　□ **trek** 名 旅

参考

中国のブランド事情

中国企業でブランドを確立した企業といえば、ハイアールが真っ先に浮かびます。1984年、青島で創業した家電メーカーで、現在世界165カ国で事業を展開。とくに白物家電に強く、冷蔵庫、洗濯機では世界1位。2010年度の売上は2兆355億円。緻密なマーケティングで各国の文化や風土、消費者ニーズを分析し「その国の求めるハイアールブランドを創造する」ことで世界的な成功を収めました。

ただし、中国ではWTO（世界貿易機関）加盟後、海外進出する企業が急増していますが、成功例はまれ。いまだ「メイド・イン・チャイナ」は低品質・粗悪品というイメージがあることも大きな要因です。それだけに、ボスドンの英国進出の成否が注目されます。

06 Why local firms dominate the Russian internet business

Yandex is Russia's biggest online-search company. It symbolizes the country's whole internet economy: a bit smaller than expected, but growing fast, and clearly Russian. Last year, the number of Russians online went up by 14%, to 53 million. That made Russia's online population Europe's biggest.

GP Bullhound, an investment bank, however, reckons that only 18% of those people shop online. Russian companies dominate the market. For example, Yandex gets about 60% of online searches while Google gets a quarter, according to a research firm. And Mail.ru is by far the biggest e-mail service and online-games platform.

Source: The Economist **Original Date:** 2012/05/19
Industry Category: IT/Telecom **Topic:** Technology and Communication

Check! ☐ / ☐ / ☐ /

〈対訳〉

なぜ現地企業がロシアのインターネットビジネスを支配するのか

ヤンデックスはロシア最大のオンライン検索会社だ。それはロシアの全インターネット経済を象徴している。予想されていたより多少小規模であるが、急成長していて、明らかにロシア的という点でだ。昨年、ロシアのオンライン人口は14%上昇し、5300万人になった。これでロシアのオンライン人口はヨーロッパ最大になった。
しかし、投資銀行のGPブルハウンドはその内のわずか18%しかオンラインショッピングをしていないと算出した。ロシア企業がロシアのマーケットを支配している。例えば、調査会社の報告によると、ヤンデックスは約60%のオンライン検索を獲得し、一方グーグルは4分の1を獲得している。そしてMail.ruは断トツで最大の電子メールサービスおよびオンラインゲームのプラットホームだ。

単語の意味

- □ **symbolize** 動 ～を象徴する、～の象徴である
- □ **reckon** 動 考える、憶測する
- □ **dominate** 動 B T ～を支配する、～を牛耳る
- □ **while** 接 T だが一方、～している間に
- □ **by far** T はるかに、断然
- □ **platform** 名 B T プラットフォーム、コンピュータ・システム、土台

参考

グーグルを脅かすヤンデックスの新たな事業展開

ロシア最大のオンライン検索会社ヤンデックスは、近年、検索以外の分野でも、着々とグーグルを脅かすような新規事業を展開。デジタル音楽販売やEコマースはもとより、2012年4月には、Google Driveなどと競合するオンラインストレージサービスYandex.Diskを発表しました。

The Russian internet market looks more like China's than that of the West. Baidu dominates Chinese online searches. When the Chinese buy online they use Dangdang, 360buy or one of Alibaba's online marketplaces instead of Amazon or eBay. They post on Sina Weibo, not Twitter.

In important ways, Russia is different. It has nothing like China's wildly popular online-video sites, loved because censored TV in China is so dull. Unlike China, Facebook, Twitter and YouTube are not banned. In fact, foreigners have been much freer to enter Russia, but still have difficulties.

ロシアのインターネットマーケットは西側よりは中国の状況に似ている。バイドゥは中国のオンライン検索を支配している。中国人はオンラインで買い物をする時、アマゾンやイーベイではなく、Dangdang、360buyまたはアリババのオンラインマーケットプレースのどれかを使う。彼らはツイッターではなくシンランウェイボーに投稿する。

重要ないくつかの点において、ロシアは異なる。ロシアには中国で圧倒的に人気のあるオンラインビデオサイトは存在しない。中国でそれらが人気があるのは、検問を受けている中国のテレビは本当に退屈だからだ。中国とは異なり、フェイスブック、ツイッター、およびユーチューブは禁止されていない。実際のところ、外国企業は中国市場に比べ、ロシアへはるかに自由に参入することができるが、それでもうまくいかない時がある。

単語の意味

- □ **buy online** インターネットで買い物をする
- □ **marketplace** [名][B][T] 市場
- □ **instead of～** [T] ～の代わりに
- □ **post** [T][動] 投稿する　[名] 投稿メッセージ
- □ **wildly** [副] 熱狂的に、非常に　/　□ **censor** [動] 検閲する
- □ **dull** [形] 面白くない、退屈な、単調な
- □ **ban～** [動][T] ～を禁止する、～を締め出す
- □ **in fact** [T] 事実、実際に

07 Back in Japanese hands: Kazuo Hirai's new strategy gives Sony's business a blurry future

It is too much to expect one man alone to rescue Sony, which formerly made world-beating electronic products. However, it is now almost as well-known for making losses. Even so, Kazuo Hirai, who unveiled his outlook for the company on April 12 after taking its management back into Japanese hands, has had a difficult start. On April 10, the company predicted it would lose 520 billion yen in the fiscal year that ended on March 31. This is the biggest loss in the firm's 65-year history. The new forecast hit its shares hard. They have fallen by 40% in a year.

Source: The Economist **Original Date:** 2012/04/14
Industry Category: IT/Telecom **Topic:** Finance

Check! ☐ / ☐ / ☐ /

〈対訳〉

再び日本人主導に：平井一夫氏の新戦略でもソニーの将来はっきりせず

1人の人間だけに、かつて最先端の電子機器を作っていたソニーの救済を期待するのは無理だ。しかし、ソニーは現在、赤字を出すことで知られている企業でもある。それでも、経営トップの座を再び日本人の手に戻し、4月12日に同社の将来の展望を発表した平井一夫氏は困難なスタートを切ることとなった。

4月10日に、ソニーは3月31日に終わった会計年度は5200億円の赤字になると予想した。これは同社の65年の歴史の中で最大の赤字である。その新たに発表された予想はソニーの株にかなりの打撃を与えた。同社の株は1年で40%下落した。

単語の意味

- □ **formerly** 副 T 以前は、かつて
- □ **world-beating** 形 最先端の、記録的な
- □ **electronic product** 名 B 電子機器
- □ **unveil** 動 T ～を明らかにする、公にする
- □ **outlook** 名 B T 見通し、展望　/　□ **predict** 動 T 予測する
- □ **fiscal year** 名 B F 会計年度
- □ **forecast** B T 動 予想する、予測する　名 予想、予測

参考

好調日立VS不振のソニー

2012年3月期連結決算で、電機大手の明暗がくっきり。業界トップの日立製作所は、好調のプラント関連機器や情報・通信システムなど社会インフラ関連部門に牽引され、過去最高の純利益を更新。一方、業界3位のソニーは、過去最大の赤字。ソニーが苦戦を強いられている主因はテレビ事業の不振。薄型テレビ市場ではトップのサムスン電子に2倍近い差をつけられています。

The increased losses came largely from an accounting change: in the company's fourth consecutive year of red ink, Sony decided it could no longer carry tax losses as an asset. "The news hit me hard," Mr Hirai admitted. Paper losses aside, the underlying electronics business is also bleeding money. Mr Hirai laid out aggressive targets to improve performance, though he offered few concrete ideas on how to achieve them. Interestingly, he named three products as core to Sony: digital imaging, including cameras; gaming; and mobile phones. Conspicuous by their absence were televisions.

増大した赤字の主因は会計方針の変更だった。4年連続の赤字で、ソニーは資本損失をこれ以上資産として持ち続けることはできないと判断した。「その知らせに衝撃を受けた」と、平井氏は認めた。会計上の損失とは別に、ソニーの根底を成す電子機器事業も赤字を出し続けている。平井氏は業績を改善するための強気の目標を示したが、それらを達成するための具体的なアイデアはほとんど出していない。興味深いことに、平井氏はソニーの中核として3つの製品の名前を挙げた。それは、カメラを含むデジタルイメージング、ゲーム、および携帯電話。
その中にテレビが入っていないことが人目を引いた。

単語の意味

- □ **accounting** 名 F T 会計、経理、計算法
- □ **consecutive** 形 B T 連続した、一貫した
- □ **red ink** 名 B 赤字、営業損失
- □ **admit** 動 T 認める、許す / □ **underlying** 形 基礎をなす、第一の
- □ **bleed** 動 (金を)巻き上げる、搾り上げる
- □ **performance** 名 B T 業績、実績
- □ **mobile phone** 名 T 携帯電話

参 考

ソニーの収益を支えるちょっと意外な部門

　不振にあえぐソニーにあって、今や収益の大黒柱ともいうべき存在が1314億円の営業黒字をたたき出す金融事業。映画、音楽も計710億の黒字を確保。また、デジタルカメラなどを扱うイメージング・プロダクツ＆ソリューション(IP＆S)分野は、一眼カメラなどの需要で大幅な増収。ゲーム分野は、PlayStation Vitaが健闘するも、PSPやPS3のハード、ソフトがふるわず減収。半導体はスマホ向け需要の伸びで収益は大幅改善見込み。携帯電話事業は赤字。

08 Vale plans Amazon biofuel plant

Brazilian mining company, Vale, is preparing to build the world's largest single processing plant for palm oil by 2015. It is doing so to cut its huge fuel costs and help develop the struggling Amazon region.

Due to the $500 million project, Vale has acquired an area of cleared land in the Amazon rainforest bigger than London. It will grow palm oil and then convert it into biodiesel to run the company's machinery, ships, trains and trucks.

Source: The Financial Times **Original Date:** 2012/06/25
Industry Category: Forest/Paper **Topic:** Transportation

Check! ☐ / ☐ / ☐ /

〈対訳〉
ヴァーレ、アマゾンにバイオ燃料工場設置を計画

ブラジルの炭鉱会社、ヴァーレは世界最大となるパーム油の単一処理工場を2015年までに建設しようと準備を進めている。ヴァーレの目的は巨額の燃料費用を削減し、貧困に苦しむアマゾン地域の開発を手助けすることだ。
この5億米ドルのプロジェクトのために、ヴァーレはアマゾン熱帯雨林にロンドンより広い空き地を手に入れた。ヴァーレはパーム油を栽培し、それをバイオディーゼルに転換し、同社の機械、船舶、列車、およびトラックを走らせるつもりだ。

単語の意味

□ **mining company** 名 B 炭鉱会社 / □ **fuel cost** 名 B 燃料費
□ **struggling** 形 B T もがく、奮闘する
□ **acquire** 動 B T 取得する、買う / □ **rainforest** 名 熱帯雨林
□ **convert** 動 ～に変える、転換する
□ **machinery** 名 B T 機械装置、機械設備

参 考

バイオディーゼルの原料として注目のパーム油

パーム油はアブラヤシの果実から搾油され、世界で最も多く生産されている植物油です。一般的には食用として利用され、食用油のほか、マーガリンやショートニング、あるいは石鹼などの原料となります。燃料として使用する場合は、そのままでは粘度が高すぎるため、化学処理をして含有するグリセリンを除去することで、軽油に近い物性に変換して使用します。

バイオディーゼルは、二酸化炭素の排出量が計上されない「カーボンニュートラル」の燃料で、地球温暖化対策における再生可能エネルギーとして注目を集めました。

After opening its first palm oil factory this month in Brazil, Vale will initially sell its produce to food producers in the market until it completes the facility capable of converting that oil into fuel in 2015.

The project comes at a sensitive time for Vale as it faces pressure to focus on its core mining business. Concerns that the government is pressuring the company to further its own development agenda at the expense of investors have helped push Vale's shares down by about 20% since the beginning of last year.

最初のパーム油工場を今月ブラジルに設置した後、パーム油を燃料に転換する機能を持つ施設を2015年に完成させるまで、ヴァーレはまず同社の生産する農作物を市場の食料生産者に売るつもりである。
このプロジェクトは、ヴァーレが中核事業である鉱業に集中する圧力に直面していた微妙な時期にはじまった。ブラジル政府がヴァーレに圧力をかけ、投資家の資金で政府の開発課題を推進しようとしているのではないかといった懸念から、ヴァーレの株価は昨年はじめから約20％下落した。

単語の意味

□ **initially** 副 T 初めは
□ **produce** B T 動 〜を生産する、〜を製造する 名（農）産物、生産量
□ **facility** 名 B T 施設、設備
□ **focus on〜** T 〜に重点的に取り組む、〜に集中する
□ **at the expense of〜** T 〜を犠牲にして
□ **share** 名 B F T 株、株式

参考

パーム油の課題

ただしよい面ばかりではなく、主な原産国であるマレーシアやインドネシアなどにおいて、ヤシ畑の乱開発による森林破壊を心配する声もあがっています。さらにブラジルなどでは、収益率の高いバイオ燃料作物に農業生産の転換が進む結果、その他の果物や穀物の供給不足、高騰を招く懸念も指摘されています。

09 London, city of immigrants

London was established by the Romans in 43AD, but it was burnt to the ground by the first opponent of immigration 17 years later. But it recovered and from then on it became a magnet for foreigners because it was a convenient trading post, and it was a safe place near the continent.

Although London is used to immigration, the scale and nature since the mid-1990s has changed. Previous groups of immigrants tended to come from one particular region. Now they come from everywhere.

Source: The Economist **Original Date:** 2012/06/30
Industry Category: Other **Topic:** Politics and Culture

Check! ☐ / ☐ / ☐ /

〈対訳〉

移民の街ロンドン

ロンドンは紀元43年にローマ帝国によって設立されたが、その17年後に移民の最初の敵対者によって焦土と化した。しかしロンドンは復興し、それ以来、外国人を引き寄せる場所になった。ロンドンは便利な交易所であり、ヨーロッパ大陸で安全な場所だったからだ。
ロンドンは移民に慣れているが、その規模と性質は1990年代半ばから変化してきた。以前の移民のグループは特定のひとつの場所から来る傾向があった。現在、移民はいたるところから来る。

単語の意味

- □ **opponent** 名 敵、対抗者、対立候補
- □ **immigration** 名 移民、入国
- □ **magnet** 名 ひきつける物、磁石
- □ **be used to～** T ～に慣れている
- □ **tend to～** T ～する傾向がある、～しがちである

参 考

ロンドンの人口の３割強は移民

元々、英国は移民の受け入れに寛大でしたが、2004年、東欧諸国(10カ国)のEU加盟を機に同地域から大量の移民が流入しました。ロンドンでは1986年に人口の17.6%だったのが、2006年には約220万人、33.5%までに膨れ上がりました。東欧諸国の他にも南アジアなどからの流入も続き、さらに増え続けています。2009年にはロンドンの人口(775万人)のうち59.5%が白人の英国人、その他の白人が10.2%、あとは13.2%が南アジア系、10.1%が黒人、その他7%です。また300以上の言語話者がおり、小学校では25%の子は英語が母国語ではないそうです。

移民増加は、不況時には英国人の雇用を奪い、2011年の暴動も雇用問題が要因のひとつとされています。

A tradition of political liberalism welcomed people seeking sanctuary, and the convenient time zone encouraged the growth of the financial-services sector. A trusted legal system, stable politics, an honest bureaucracy and lower levels of regulation have made London more welcoming than New York to rich foreigners.

Immigrants have also changed the sounds of the streets. Immigration has given rise to "multicultural" London English, and it has transformed London's food: a city once famous for its inedible cuisine now has better restaurants than Paris or Rome.

Foreigners have not just transformed the city's society and economy; they are also changing its physical shape. This is seen with foreign investment in the Shard on the Thames, the EU's tallest building, and the London Gateway which will be Britain's largest container port.

政治的自由の伝統は安らぎの場所を探していた人たちを歓迎し、使いやすい時差は金融サービスセクターの成長を促した。信頼できる法体制、安定した政治、正直な官僚、規制のゆるさなどが、裕福な外国人にとってニューヨークよりもロンドンをより快適な場所にした。
また、移民たちは街の中の音を変えた。移民は、「多文化の」ロンドン英語を生み出し、そして移民はロンドンの食べ物を変えた。かつてまずい食事で有名だった街に、今ではパリやローマよりも良いレストランがある。
外国人はロンドンの社会や経済を変えただけではなく、その外観をも変えつつある。テムズ川岸にある欧州一の超高層ビルのザ・シャード、そして英国最大のコンテナ港になるであろうロンドン・ゲイトウェイへの外国資本投資にその一面が見られるだろう。

単語の意味

□ **liberalism** 名 自由主義
□ **sanctuary** 名 安らぎの場所、聖域
□ **encourage** 動 T ～を促進する、～を推奨する
□ **stable** 形 T 安定した / □ **bureaucracy** 名 T 官僚制度
□ **transform** 動 T ～を変形させる、～を変質させる
□ **cuisine** 名 T 料理 / □ **gateway** 名 入り口、通路

10 Executives at Sony surrender bonuses

Sony's seven most senior executives will forgo bonuses for the previous financial year. They will also accept cuts to their base pay following the Japanese group's worst net loss. Kazuo Hirai, president and chief executive since April, Sir Howard Stringer, his predecessor and the chairman, and Sony's five other executive directors will "return the entire amount of their performance-based compensation for fiscal 2011", the company said in a letter to shareholders yesterday.

Source: The Financial Times **Original Date:** 2012/06/06
Industry Category: IT/Telecom **Topic:** Politics and Culture

Check! ☐ / ☐ / ☐ /

〈対訳〉
ソニーの経営陣、ボーナスを返上

ソニーの7人の上級役員は昨年度会計年度分のボーナス受け取りを差し控える。さらにソニーグループ過去最低の純損失を受けて、彼らは自らの基本給を減らす。4月からソニーの代表取締役になった平井一夫氏、その前任者で会長のハワード・ストリンガー氏、および他の5人の役員は、「同役員の2011年会計年度の業績に基づく報酬全額を返金する」と、昨日同社は株主への手紙で述べた。

単語の意味

- □ **forgo** 動 ～を差し控える、～なしで済ませる
- □ **previous** 形 T 前の、以前の
- □ **base pay** 名 B 基本給、基準賃金
- □ **following** T 前 ～に次いで、～のあとで 形 次の、下記の
- □ **net loss** 名 B F 純損失 / □ **predecessor** 名 B T 前任者
- □ **performance-based compensation** 名 B 成果給、業績給
- □ **fiscal year** 名 B F 会計年度、事業年度
- □ **shareholder** 名 B F T 株主

Japanese executives tend to be paid less than western counterparts. But they are being looked at closely because Sony is cutting about 10,000 staff, or 6 per cent of its workforce, after it reported a net loss of 457 billion yen for the year ended March 31.

The company's share price rebounded 3.3% yesterday to close at 1,029 yen after falling below 1,000 yen on Monday for the first time in 32 years. Shares in Panasonic and Sharp, which like Sony have suffered multibillion-dollar losses linked to uncompetitive television-manufacturing operations, have also fallen. Like Sir Howard, their presidents stepped aside at the start of April.

日本企業の経営陣は欧米の経営陣よりも報酬が少ない傾向にある。しかし、ソニーの経営陣は注目されている。なぜなら、3月31日までの会計年度で4570億円の純損失を出したことを受けて、ソニーは全従業員の6%にあたる約1万人の従業員を解雇するからだ。
ソニーの株価は、月曜日に32年間で初めて1000円を切った後に、昨日3.3%持ち直して終値1029円で取引された。
ソニー同様、競争力のないテレビ製造業が影響して何十億ドルもの損失を計上したパナソニックとシャープの株も下がった。ストリンガー氏のように、この2社の社長も4月の初めに退任した。

単語の意味

- □ **tend to～** T ～しがちである、～する傾向がある
- □ **counterpart** 名 B 対応するもの[部分]、相手方
- □ **workforce** 名 B T 全従業員、労働力、労働人口
- □ **share price** 名 B T 株価
- □ **rebound** 動 (株価などが)立ち直る、はね返る
- □ **suffer** 動 T ～を被る、受ける
- □ **uncompetitive** 形 B 競争できない、競争力のない
- □ **operation** 名 B T 事業、業務、運営

実際の『フィナンシャルタイムズ』や
『エコノミスト』を読みこなす方法を解説！

FT&Economistを読みこなすためのステップ❹

STEP 4

全体のスキャン・リーディング

- 記事全体をざっと拾い読みし、キーになる情報だけを追いかける
- 自分の中で記事を要約しながら読む

ここからは、いよいよ記事全文を読んでいきます。ここまでヘッドライン、ファーストセンテンス、ファーストパラグラフを読むことでつかんできた記事の骨子、キーになる情報を追いかけ、要約しながら読みます。これもリーディングスピードアップにはとても効果的です。また、常に短時間で精度と深度のある情報を獲ることが求められるビジネスマンには必須の技能と言えるでしょう。初心者の方のみならず、すべての方におすすめしたい読み方です。

5章

ステージ5

レベル ★★★★★

【ファーストクラスの重役レベル】

手ごわい問題にも果敢に挑戦!の10本

01 Fears reawakened over Japanese insider trading

Foreign investor interest in the Japanese stock market has improved. However, old fears have reawakened over the level of insider trading ahead of deals. In late 2010, the Tokyo Stock Exchange president promised to remove those involved with insider trading. More than a year on, market participants say suspicious trading ahead of deals is common and further regulatory reform is needed in the world's second-biggest equity market.

Source: The Financial Times **Original Date:** 2012/04/21
Industry Category: Financial/Insurance **Topic:** Finance

Check! ☐ / ☐ / ☐ /

〈対訳〉

日本のインサイダー取引に対する懸念が再来

外国人投資家の日本の株式市場に対する関心が上向いてきた。しかし、正式な取引前に行なわれるインサイダー取引に対する昔からの懸念が再燃している。2010年の終わりに、東京証券取引所社長はインサイダー取引に関与した者たちを排除すると約束した。しかし、1年以上たった後でも、正式な取引前の疑わしい取引が日常的に行なわれており、世界第2位の規模を持つ株式市場にはさらなる規制改革が必要であると、市場参加者は言っている。

単語の意味

□ **foreign investor** [名][B][T]外国人投資家
□ **stock market** [名][B][T]株式市場
□ **fear** [T][動]恐れる、怖がる [名]懸念、不安
□ **ahead of～** [T]～より先に、～より早く
□ **deal** [B][T][動]取引する、商う [名]商取引、契約
□ **Tokyo Stock Exchange** [名][B][F]東京証券取引所
□ **promise** [T][動]約束する [名]約束
□ **remove** [動][T]取り去る、取り除く
□ **participant** [名][T]参加者、関係者
□ **suspicious** [形][T]疑惑を起こさせる、怪しい
□ **common** [形][T]普通の、よく起こる、共通の
□ **regulatory** [形][T]規定する、取り締まる
□ **equity market** [名][F]株式市場

High-profile crackdowns on insider trading seen in the US and UK after the scandals of the financial crisis have not been mirrored in Japan. Last month, an asset manager was fined for insider trading, and last week SMBC Nikko Securities was ordered to improve its business by Japan's financial regulator after it found sales staff had disclosed sensitive information. Such examples of punishment for market abuses are rare. Punishment for leaks should be more severe, says one Tokyo-based executive at a global asset manager. "As it is, the system benefits brokers and hedge funds. Everyone else is a loser."

金融危機の不祥事発覚後に米国や英国で見られた世間の注目を集めるようなインサイダー取引の取り締まりは、日本では行なわれていない。先月、アセットマネージャーがインサイダー取引で罰金を科された。そして先週、SMBC日興証券は同社の営業担当者が機密情報を漏洩したとして、日本の金融監督機関から業務改善命令を受けた。しかし、市場の悪用に対するこのような処罰の例はまれである。「情報漏洩に対する罰はもっと厳しくするべきだ」と、東京を拠点に活躍するグローバルアセットマネージャーは言う。「現行の制度では、ブローカーとヘッジファンドが利益を得るだけだ。残りは全員損失を被る」。

単語の意味

- □ **high-profile** 形 目立った、知名度の高い
- □ **crackdown** 名 取り締まり、法律の厳格な施行
- □ **mirror** 動 T 反映する / □ **fine** T 動 罰金を科す 名 罰金
- □ **regulator** 名 T 規制者、業務監査人
- □ **disclose** 動 B T 明らかにする、開示する
- □ **punishment** 名 罰、処罰 / □ **abuse** 名 T 乱用、悪用
- □ **leak** 動 〜をもらす 名 漏洩
- □ **benefit** B T 動 利益を得る 名 利益、恩恵

参考

野村證券によるインサイダー取引事件

証券取引等監視委員会は、2012年3月以降、インサイダー取引を相次いで摘発しました。このうち10年の東京電力、国際石油開発帝石(INPEX)、みずほフィナンシャルグループの3件の公募増資に野村證券の社員が関与していたことが判明しました。野村證券も事実を認め、持ち株会社である野村ホールディングスの渡部賢一CEOの辞任にまで追い込まれました。

02 Chinese billionaire gets cold shoulder in attempt to buy vast tract of Iceland

Iceland has blocked a Chinese billionaire's bid to buy 300 square kilometres of undeveloped land. Some worried that the massive land sale would give Beijing a strategic foothold in the North Atlantic. Huang Nubo is one of China's richest men, but Ogmundur Jonasson, Iceland's interior minister, rejected his application. Mr Jonasson said it breached rules on investments by non-European groups.

Iceland is deeply in debt and its currency is weak. Mr Jonasson objected to a fire sale of the country's assets. He warned that the country should be on guard against those hoping to buy national resources cheaply.

Source: Business English Pro　Original Date: 2011/12/01
Industry Category: Recreation　Topic: Politics and Culture

Check! ☐ / ☐ / ☐ /

〈対訳〉

中国人大富豪、アイスランドの土地購入申請で冷たくあしらわれる

アイスランドは中国人富豪による300平方キロメートルの未開拓地の買収申請を却下した。広大な土地を売却した場合、北大西洋の戦略的な足掛かりを中国政府に与えることになると憂慮する人々もいた。黄怒波(フアン・ヌーボー)氏は中国の大富豪の1人だが、アイスランドのオグムンドゥル・ヨーナスソン内相は同氏の申請を却下した。欧州以外の外国人投資に関する取り決めに反していたため、とヨーナスソン内相は話す。

アイスランドは巨額の負債を抱え、通貨は弱くなっている。ヨーナスソン内相は国の資産を投げ売りすることに反対している。アイスランドは国家資源を安く買い付けようとする動きに警戒するべきだ、と彼は警告する。

単語の意味

- □ **bid** 〔B〕〔T〕〔動〕(入札で)値を付ける 〔名〕入札
- □ **massive** 〔形〕巨大な、大規模の
- □ **reject** 〔動〕〔T〕拒絶する、断る
- □ **breach** 〔動〕〔T〕～を破る、破棄する 〔名〕違反
- □ **in debt** 〔B〕借金をして
- □ **currency** 〔名〕〔B〕〔F〕〔T〕通貨、貨幣
- □ **object to～** 〔T〕～に反対する
- □ **asset** 〔名〕〔B〕〔F〕〔T〕資産、財産
- □ **resources** 〔名〕〔B〕〔T〕資源、財源、供給源

Mr Huang had planned to build a resort featuring hot air balloon rides and a golf course. The 300 sq km tract is landlocked and mostly barren, but it is close to Iceland's deepwater ports and is very large. As a result, some Icelandic officials had raised security concerns.

Mr Huang is a mountaineer and a poet. In his university days, his roommate was an Icelandic student studying in Beijing. After working for the Chinese Communist party and the government, Mr Huang founded a tourism business. He visited Iceland for the first time last year and instantly fell in love with its pristine environment.

黄氏は熱気球飛行やゴルフコースを楽しめるリゾートの建設を計画していた。この300平方キロメートルの土地は内陸地で大半が荒れ地だが、しかしアイスランドの深水港に近く、面積も非常に広い。そのため、アイスランドの一部の政府高官が安全保障に関する懸念を表明していた。

黄氏は登山家であり、詩人でもある。大学生活では、北京で学ぶアイスランド人の学生がルームメートだった。中国共産党と中国政府で勤務したのち、彼は旅行会社を設立した。彼は昨年、アイスランドを初めて訪問し、そして即座にその手つかずの自然に惚れ込んだのである。

単語の意味

- □ **feature～** [動][T]～を呼び物にする、～の特色をなす
- □ **tract** [名]土地、地域　/　□ **barren** [形]（土地が）不毛の
- □ **as a result** [T]結果として
- □ **concern** [T][動]～に関係する、心配する　[名]懸念、心配、関心事
- □ **found** [動][B][T]設立する、創設する
- □ **instantly** [副]直ちに、すぐに
- □ **pristine** [形]汚されていない

参考

アイスランド開発に乗り出した黄怒波とは？

　黄怒波氏は1956年生まれの中国の起業家。マンション建設やリゾート開発を手掛ける北京の「中坤集団」の会長です。1981年に北京大学を卒業後、中国共産党、国務院建設部勤務などを経て、95年に中坤集団を設立しています。2011年の『フォーブス』の中国富豪ランキングでは、黄氏は総資産10億ドルで129位にランクされ、詩人としても、処女詩集がアメリカやフランスでも翻訳出版されているなど、マルチな顔を持っています。

Mr Jonasson vetoed the bid against the wishes of some of his government colleagues. Iceland's president and its foreign and economics ministries had supported the purchase. However, the interior ministry makes the final decision on such deals.

"Who would you prefer to own a large Icelandic farm: a poetry-writing, nature-loving Chinese businessman, or one of our homegrown criminal Viking raiders?" asked Jon Baldvin Hannibaldsson, former finance minister. "To me there is only one answer."

ヨーナスソン内相は、一部の政府閣僚の要望に反し、土地買収申請を不許可とした。アイスランド大統領や外務省、経済省などは、この買収申請を支持していた。しかしながら、このような取引の最終決定権は内務省が握っている。
「アイスランドの巨大な農場を誰に所有してもらうことを望むだろうか。詩文に親しみ、自然を愛する中国人実業家か、あるいは、国内の犯罪的なバイキング乗っ取り集団か」と問いかけるのは、ハンニバルソン元財相だ。「私にとって、答えはひとつに決まっている」。

単語の意味

- □ **veto** P 動 拒否権を行使する、拒否する 名 拒否
- □ **wish** 名 願望、望み / □ **colleague** 名 B T 同僚、仲間
- □ **purchase** B T 動 購入する 名 購入
- □ **deal** 動 取引する、商う 名 B T 商取引、契約
- □ **criminal** 形 犯罪の、罪になる

参考

森林を買い漁る？　中国資本

外資による日本の土地（森林）の買収が進んでいます。国交省と農水省の調査で2010年に全国で45haだったのが、2011年には157haと3倍以上増えていることが判明しました。とくに中国資本と思われる外資が水源地を買収するケースが目立ちます。中国では深刻な水不足問題を抱えており、水資源確保のための買収とみられ、国や自治体は警戒を強めています。中には日本の企業名で取得する「名義貸し」も表面化しています。

すでに1039haが買収されている北海道では今年4月、全国初の「水資源保全条例」を制定、高橋北海道知事は「不透明な土地買収はなんとしても阻止」と発言しています。

03 Green and pleasant island: The Isle of Wight wants to become self-sufficient in energy

The Isle of Wight lies off Britain's south coast. It is a quaint place, ten years or so behind the times. But a project by a green organization called Ecoisland was begun on November 15. The launch event was at Britain's House of Commons. Invitations were printed on recycled paper embedded with meadow-flower seeds. Ecoisland's aim is to make the Isle of Wight energy-independent by 2020.

Source: The Economist **Original Date:** 2011/11/24
Industry Category: Other **Topic:** Technology and Communication

Check! ☐ / ☐ / ☐ /

〈対訳〉

環境に優しい快適な島：エネルギー自給を望むワイト島

ワイト島は英国南海岸の沖に所在する。古風な趣のある地域で、10年ほど時代に遅れている。だが、エコアイランドと呼ばれる環境保護団体によるプロジェクトが、11月15日から始まった。立ち上げイベントは、英国下院で行なわれた。招待状は、草原の花の種が埋め込まれた再生紙に印刷。エコアイランドの目的は、ワイト島を2020年までにエネルギー面で自立させることだ。

単語の意味

- □ **launch** B T 動 開始する、～を始める　名 開始
- □ **embed** 動 埋め込む、はめ込む　/　□ **seed** 名 種、種子
- □ **aim** T 動 狙う、意図する　名 狙い、目的
- □ **energy-independent** 形 E エネルギーを自給している

参考

ヴィクトリア女王の愛した島─ワイト島

ワイト島は英国南海岸、ハンプシャー州の沖合に浮かぶ面積381キロ平方メートルのひし形の島。ロンドンから3～4時間です。人口は約14万人。「イングランドの縮小版」といわれるほど景観は変化に富み、豊かな自然が残っています。別名「恐竜島」と呼ばれるヨーロッパ有数の恐竜の化石発掘現場でもあります。

ヴィクトリア女王（1837～1901年在位）が毎年、同島のオズボーン・ハウスで夏の休暇を過ごしたことでも有名で、以降、英国王室をはじめ、ヨーロッパ各国王室の主要なリゾート地のひとつとなっています。また女王の時代の1897年には、無線電信を開発したマルコーニ（伊）によって世界初の無線局が開設されました。

農業も盛んで、ニンニクやトマト、キュウリなどが特産物です。年に一度開催されるポップ音楽の祭典「ワイト島音楽祭」も有名です。

Ecoisland has big plans. They will install solar panels on roofs, and they will insulate houses better. They will use more geothermal, wind and tidal energy, and they will generate power from waste. Also, electric vehicles will be available for hire, and food will be grown locally and delivered across the island. More rainwater will be captured, and as a result, water use will be reduced.

This all seems very cozy, but in fact, Ecoisland has an edge. IBM, Cable&Wireless, Silver Spring Networks and Toshiba have joined the effort. Together they will be working on smart-grid technology and energy-storage systems.

エコアイランドには大きな計画がある。屋根にはソーラーパネルを取り付け、そして住宅の断熱を強化しようというのだ。地熱、風力、潮汐のエネルギー利用を拡大し、また、廃棄物から電力を生み出すつもりだ。さらに電気自動車もレンタルで利用可能になり、食物については地元で栽培され、島全域に配達される。雨水もこれまで以上の量が貯留され、その結果、水道の利用については減らす予定だ。
このすべてが心地よく見えるが、しかし実際には、エコアイランドには強みがある。IBM、ケーブル・アンド・ワイヤレス、シルバー・スプリング・ネットワークス、東芝がこの取り組みに参加。これらの企業は共同で、スマートグリッド技術やエネルギー貯蔵システムを研究することになっている。

単語の意味

- □ **install** 動 B T 取り付ける、据え付ける
- □ **solar panel** 名 E 太陽電池パネル、ソーラーパネル
- □ **insulate** 動 遮断する、隔離する
- □ **geothermal** 形 E 地熱の
- □ **tidal** 形 潮汐の、潮力の
- □ **generate power** E 発電させる
- □ **waste** T 動 浪費する、無駄に使う 名 廃棄物、くず
- □ **electric vehicle** 名 電気自動車
- □ **available** 形 T 利用できる、入手できる
- □ **deliver** 動 T 配達する、届ける
- □ **reduce** 動 B T 減少させる、縮小する / □ **edge** 名 先端、端

British partners include Southern Water, a utility, SSE, an electricity supplier, and ITM Power which makes electrolysis systems that generate hydrogen from water. The hydrogen can be used as an energy store and to power cars and vans. ITM says an island provides an ideal place to explore the benefits of integrating sustainable services.

David Green is the chief executive of Ecoisland. He hopes their eco know-how can be exported to other places. By then his business cards, which are also meadow-seeded, could be blooming all over the place.

英国の提携先としては、公益事業会社のサザン・ウォーター、電力供給会社のSSE、水から水素を発生させる電解システムを作るITMパワーなどがある。水素はエネルギー貯蔵として、また自動車やトラックへの電力供給源として利用することができる。ITMは、持続可能なサービスを統合するメリットを調査するため、島が理想的な場所を提供してくれていると語る。
エコアイランドの最高経営責任者(CEO)はデイビッド・グリーンである。氏は、そのエコのノウハウを他の地域にも伝えられるよう望んでいる。それが実現するころまでには、同じく草原の花の種が入った氏の名刺があらゆる所で花開いているかもしれない。

単語の意味

- □ **supplier** 名 B T 供給者、納入業者
- □ **electrolysis** 名 電解、電気分解 / □ **hydrogen** 名 水素
- □ **explore** 動 T 調査する、探究する
- □ **benefit** B T 動 利益を得る 名 利益、恩恵
- □ **integrate** 動 B T 統合する、～を結びつける
- □ **sustainable** 形 T 持続できる、耐えうる
- □ **bloom** 動 (花が)咲く

参考

2020年までにエコアイランドに

「ワイト島　エコアイランドプロジェクト」は、2020年までに島に再生可能エネルギーの発電所とスマートグリッドを整備し、エネルギーの自給自足を実現するとともに、余剰エネルギーは英国本土へ供給するというプロジェクトです。将来的には世界中のスマートコミュニティのモデルとなる都市を目指しています。日本からは東芝が参加、またトヨタもエコカーの開発を計画中です。

04 Faltering start to Facebook's new life

Facebook's life as a public company got off to a faltering start yesterday. A technology glitch delayed the opening of trading. Furthermore, underwriters had to intervene to prevent its shares falling below the $38 price set on Thursday. But these difficulties did not stop the company from celebrating the success of the third-biggest initial public offering in US history. The $16 billion it raised trails only Visa's IPO in 2009 and GM's in 2010.

Source: The Financial Times **Original Date:** 2012/05/19
Industry Category: IT/Telecom **Topic:** Finance

Check! ☐ / ☐ / ☐ /

〈対訳〉

フェイスブックの新生活、つまずきのスタート

フェイスブックの公開会社としての生活は昨日つまずきながら始まった。技術的な障害が株式取引の開始を遅らせた。さらに、証券引受会社はフェイスブックの株式が木曜日の公開価格の38ドルを下回らないように介入しなければならなかった。しかし、これらの困難にも負けず、同社は米国史で3番目に大きい新規株式公開の成功を祝った。フェイスブックが調達した160億ドルは、2009年のビザのIPOと2010年のGMのIPOに次ぐ規模である。

単語の意味

- □ **public company** 名 B F 株式公開企業
- □ **faltering** 形 よたよたしている、ためらっている
- □ **glitch** 名 突然の故障、突発事故
- □ **delay** 動 T ～を遅らせる、延期する
- □ **furthermore** 副 T さらに、その上に
- □ **underwriter** 名 F（株式・公債などの）引受会社
- □ **intervene** 動 B T 介在する、干渉する
- □ **share** 名 B F T 株、株式
- □ **celebrate** 動 T 祝う、祝賀する
- □ **initial public offering(=IPO)** 名 B F 新規株式公開
- □ **trail** 動 ～の後を追う、～の跡をつける 名 跡、痕跡

Facebook's closely watched Wall Street debut went against predictions of a sharp increase in first-day trading and contrasted with the happy scene at its headquarters.

After a glitch at Nasdaq delayed the start of trading by half an hour, Facebook's price stood still for a few moments before creeping upward about 8 per cent. Its underwriters, a group of 33 investment banks led by Morgan Stanley, also stepped in when the shares fell back to their original offer price and bought shares to keep the price from dipping further.

注目を浴びたフェイスブックのウォール街でのデビューは、予想されていた初日の取引での急騰とは異なり、フェイスブックの本社での幸せな光景とは対照的であった。
ナスダックでの障害が30分取引開始を遅らせた後に、フェイスブックの株価は少しの間動きが止まり、その後に8％ほどゆっくり上がっていった。同社の証券引受業者であるモルガン・スタンレー率いる33行の投資銀行グループは、同株価が公開価格に戻りそうになった時に介入し、株式を購入して株価がさらに下がるのを引き止めた。

単語の意味

- □ **prediction** 名 T 予測、予想
- □ **headquarters** 名 B T 本社、本部
- □ **stand still** 静止する、停滞している
- □ **creep** 動 ゆっくり動く
- □ **investment bank** 名 B 投資銀行
- □ **step in** 介入する、参加する
- □ **offer price** 名 B F 売り出し価格、公募価格
- □ **dip** 動 下がる、低下する

参　考

早くも訪れたフェイスブックの試練

2012年5月、鳴物入りでスタートしたフェイスブックの株式公開でしたが、そのわずか4カ月後、株価は公開時の半値以下の約18ドルにまで下落。その最大の要因といわれるのが「モバイル端末への対応の遅れ」。同社の売上の大半はデスクトップPCによる広告収入のため、いち早くモバイル検索広告市場を開拓してきたグーグルに大量の資金が流れたのです。これを受けて、グーグルは5年ぶりに過去最高の株価を更新しています。

05 June drop in Chinese imports weighs on oil and metal prices

China's commodities imports fell significantly in June from the pace of previous months. This prompted renewed worries about the impact of the economic slowdown in the world's second-largest economy on the natural resources sector.

China is the world's biggest buyer of many raw materials, including iron ore, copper and coal. Its monthly trade data, released yesterday by the Customs Bureau, are closely watched as an indicator of global demand.

Source: The Financial Times Original Date: 2012/07/11
Industry Category: Financial/Insurance Topic: Politics and Culture

Check! □ / □ / □ /

〈対訳〉

中国の輸入、6月に失速、石油と金属価格を下落させる

中国の商品輸入は過去数カ月のペースに比べ6月に急落した。これが、世界第2位の経済大国の景気後退が天然資源分野に与える影響についての新たな懸念を誘発した。

中国は、鉄鉱石、銅、石炭を含む、多くの原材料の世界最大の購入国だ。中国の関税局から昨日発表された同国の月間貿易データは、世界の需要の指標として注目されている。

単語の意味

- □ **commodities** 名 B 商品、日用品
- □ **significantly** 副 T 著しく、はっきりと
- □ **previous** 形 T 前の、以前の
- □ **prompt** 動 T ～をかりたてる、～を引き起こす
- □ **renewed** 形 T 新たな
- □ **natural resources** 名 B T 天然資源
- □ **raw material** 名 B T 原料、原材料 / □ **iron ore** 名 鉄鉱石
- □ **copper** 名 銅 / □ **release** 動 B T 公表する、発する
- □ **indicator** 名 B T 指標、尺度

参 考

失速する中国経済に回復の兆しか

中国関税局によれば、2012年9月の中国の輸出は前年比9.9%増、そして輸入も前年比2.4%増と、8月の2.6%減から大きくプラスに転じました。

しかし、中国商務省・沈丹陽報道官の態度は慎重で、これだけで中国経済が回復傾向にあると結論づけるのは時期尚早だとコメントしています。とはいえ、同時に発表された9月の小売売上高も前年比14.2%増と、市場予想の13.2%増を上回っており、失速がつづいていた中国経済にとっては、久々の明るいニュースです。

The drop in Chinese imports weighed on commodities markets. Oil prices fell below the key $100 a barrel. This was due in part to the end of a strike in Norway. Base metals were down across the board, and iron ore prices also fell.

Some analysts said the drop in June exports was an alarming signal about how the Chinese slowdown was affecting commodities. Yet, other analysts said that the slowdown in June could still be a blip and highlighted that imports in the first half of the year were up when compared with the same period last year. The ups and downs of Chinese commodities imports are critical beyond the raw materials market, affecting the profitability of leading natural resources companies from Rio Tinto and Glencore to ExxonMobil and Cargill.

今回の中国の輸入の減少は、商品市場の価格を下げた。石油価格は、1バレルあたり100ドルの大台を割りこんだ。これはひとつは、ノルウェーのストライキの終了が理由だった。卑金属は軒並み下がり、鉄鋼石価格も下落した。

6月の輸入の低下は、中国の失速が商品にいかに影響を与えていたかを知らせる警告だと言ったアナリストもいた。一方で、6月の失速は一時的な急下落であり、今年前半の輸入は昨年の同時期と比べて上昇していると述べるアナリストもいた。中国の商品輸入高の変動は、原料市場を超えて、リオ・ティント、グレンコア、エクソンモービル、カーギルなど、主要な天然資源会社の利益性に影響を与えており、極めて重要な要素だ。

単語の意味

- □ **weigh on～** ～の重荷となる、～を圧迫する
- □ **due to～** T ～が原因で、～のせいで、～によって
- □ **base metal** 名 卑金属、主要成分金属
- □ **alarming signal** 名 警告信号 / □ **slowdown** 名 低迷、失速
- □ **affect** 動 T ～に影響する
- □ **blip** 名 一時的な変化（問題） / □ **highlight** 動 T 強調する
- □ **critical** 形 T 重大な、決定的な、批判の
- □ **profitability** 名 B T 収益性、利潤率
- □ **leading** 形 B T 主要な、一流の、先導する

06 Hedge funds have had a horrible year - and it could get worse

Managers of hedge funds consider themselves skilled in predicting the market, but today they are wondering what went wrong. The average hedge fund has fallen by around 9% this year. The S&P 500 has fallen by just 3.4%.

It is an unwelcome reminder of the past. In 2008, the average fund declined by more than 19%. Managers would research and invest in undervalued stocks. Then markets would plunge after bad news about the euro. Or funds would short stocks. Then markets would rally on the smallest whiff of better news.

Source: The Economist **Original Date:** 2011/12/07
Industry Category: Financial/Insurance **Topic:** Finance

Check! ☐ / ☐ / ☐ /

〈対訳〉

ヘッジファンド、恐怖の1年――悪化の可能性も

ヘッジファンド・マネージャーは自分のことを、マーケットを予測する能力に長けていると考えているが、しかし今日の彼らは、何が間違いだったのかと訝しんでいる。ヘッジファンドの平均リターンは今年、約9%下落した。S&P500は3.4%しか下落しなかった。

これは、不愉快な過去の記憶をよみがえらせる。2008年、ファンド平均リターンは19%以上下落した。マネージャーは過小評価された株式を探し、そこに投資し、マーケットはユーロに関する悪いニュースの後に急落した。もしくはファンドは株を空売りした。その後、マーケットはごくわずかな良いニュースの気配を受けて回復したものだった。

単語の意味

- □ **skilled** 形 B T 熟練した、上手な
- □ **predict** 動 B T 予測する、予言する
- □ **wonder** 動 T 不思議に思う、あれこれ思いをめぐらす
- □ **reminder** 名 B T 思い出させるもの
- □ **undervalued stocks** 名 F 割安株
- □ **plunge** 動 F (値が)急落する、飛び込む
- □ **short～** 動 F ～を空売りする
- □ **rally** 動 F 回復する、持ち直す / □ **whiff of～** ～の気配

An unaccustomed timidity has seized many hedge funds. They have reduced their leverage. They are shrinking positions and trading less. Some fund managers privately wish they could move entirely into cash and sit out the market turmoil. However, they charge steep fees for managing investors' assets. Therefore, they feel pressure to continue trading to justify their fees.

A few managers say that some assets are cheaper than ever, and that there are wide differences in stock prices. Some holding companies and their subsidiaries show a difference in prices. Some dual-listed companies show different prices on different stock exchanges. In this climate, many fund managers are too scared to pounce, in case prices diverge even more.

いつにない臆病さが、多くのヘッジファンドを抑え込んでしまった。ヘッジファンドは、レバレッジを下げた。そしてポジションを縮小し、以前より少額で取引している。中には、完全に現金取引だけに移行し、マーケットの混乱から離れたいとこっそり望むファンドマネージャーもいる。しかし彼らは、投資家の資産管理に法外なフィーをチャージしている。そのため、彼らはそのフィーを正当化するためにトレードを続けることにプレッシャーを感じている。
記録的に安い資産もあり、株価にも大きな違いがあると言うマネージャーも少数いる。持株会社とその子会社で株価が異なる場合もある。二重上場している企業では、取引所によって株価が異なることもある。こういう折に、多くのファンドマネージャーは、万が一この株価の差がさらに開くことを考えると、恐ろしすぎて飛びつくことができないでいる。

単語の意味

- ☐ **timidity** 名 臆病、小心
- ☐ **leverage** 名 F レバレッジ
- ☐ **entirely** 副 T 全く、すっかり
- ☐ **turmoil** 名 騒動、混乱　/　☐ **justify** 動 T 正当化する
- ☐ **subsidiary** 名 B T 子会社
- ☐ **dual** 形 二重の、二つの部分からなる
- ☐ **listed company** 名 B T 上場企業

参考

2012年のヘッジファンド事情

2012年、第3四半期のヘッジファンドの運用資産総額は2兆2000億ドルと過去最高に達しましたが、局所的にみると、低リターンの株式ヘッジファンドやイベント・ドリブン型ファンドでは資金流出が進むなど、明暗はくっきり。

This is a dilemma for hedge funds, and many remember the sudden rally in 2009. They regret they were not in a position to benefit from it. John Paulson is a hedge-fund boss once famed for his prescience. He reminded investors of the risk of premature bullishness. He apologized to them for being “overly optimistic” about the economy earlier this year. Such optimism led to the worst performance in his firm’s 17-year history. Interestingly most of Mr Paulson’s investors are still with his fund. Perhaps they learned from the last crisis and don’t want to sell at the bottom. More likely, they can’t think of anywhere better to put their money.

これが、ヘッジファンドにとってのジレンマで、多くは、2009年に突然回復したことを覚えている。その回復の恩恵を受けられる立場になかったことを、彼らは後悔している。ジョン・ポールソンは、その予見能力で脚光を浴びたことがあるヘッジファンドの実力者だ。彼は投資家に、未熟な強気さに伴うリスクを思い出させた。今年に入って、景気動向に対して「あまりにも楽観的すぎた」ことを、投資家に謝罪した。このような楽観視が、彼の会社の17年間におよぶ歴史上、最悪の成績につながったのだ。興味深いことに、ポールソン氏に師事する投資家の多くは、今も同氏のファンドから離れていない。もしかしたら、前回の危機から学び、底値で売却したくないのかもしれない。それより、他に彼らの資金を投資する場所としてましなところが思い当たらないという方が当たっているかもしれない。

単語の意味

- □ **regret** [T][動]後悔する　[名]後悔
- □ **benefit** [B][T][動]利益を得る　[名]利益、恩恵
- □ **famed** [形]有名な、名高い　/　□ **prescience** [名]予知、洞察
- □ **premature** [形]時期尚早の
- □ **bullishness** [名]上向き、強気
- □ **performance** [名][B][T]業績、実績
- □ **crisis** [名][B][T]危機、難局

参考

ヘッジファンドの帝王の戦績は？

「ヘッジファンドの帝王」と呼ばれるジョン・ポールソン氏も欧州債務危機への対応の誤りなどから多額の損失を出し、シティ・グループのプライベートバンキング部門は4億1000万ドルの資金を氏のファンドから引き上げる厳しい決定を下しました。

07 China looks to boost image with global English language TV service

China's state-owned broadcaster has launched an aggressive international push to extend the country's influence. It is opening a new headquarters in Washington that will broadcast English-language programming from the heart of the US capital. China Central Television produces the ruling Communist party's news and other propaganda programmes. It is constructing a studio in Washington to serve as its US broadcasting centre. It aims to begin broadcasting by the middle of 2012 and produce up to six hours of original programming a day. CCTV reportedly has also built a studio in Nairobi, Kenya, from where it will broadcast its English-language channel in Africa.

Source: The Financial Times **Original Date:** 2011/11/09
Industry Category: Media **Topic:** Technology and Communication

Check! ☐ / ☐ / ☐ /

〈対訳〉

中国がイメージの改善を狙い、英語テレビ放送で世界進出

中国の国営放送は、同国の影響力の拡大を目指し、積極的な国際攻勢に乗り出した。米国の首都ワシントンの中心部に新たな本部を設け、英語番組を発信していく。中国中央テレビ（中国中央電視台）は、政権を握る共産党のニュースなどの宣伝番組を製作している。同テレビでは現在ワシントンに米国放送の本拠地となるスタジオを建設中だ。2012年中頃までに放送を開始し、1日に最大6時間のオリジナル番組の提供を目指す。伝えられたところによると、中国中央テレビはケニアのナイロビでもスタジオの建設を完了し、アフリカ向けに英語チャンネルを放映するという。

単語の意味

- □ **state-owned** 形 国有の、国営の
- □ **launch** B T 動 開始する、～を始める　名 開始
- □ **extend** 動 B T ～を広げる、拡張する
- □ **headquarters** 名 B T 本部、本社
- □ **aim to～** T ～しようと狙っている、～することを目標としている
- □ **up to～** T ～に至るまで、最大で～まで
- □ **reportedly** 副 T 伝えられるところによると

参　考

中国のテレビ事情

　中国のテレビ局で国際的に知られているのは、唯一の国営放送である中国中央電視台（CCTV）です。国内には行政の管轄のもと、地域ごとに省営、都営、郡営などのテレビ局があり、その数は300局近くにのぼります。ケーブルテレビ網も発達、2005年末現在で1億世帯以上、普及率は3割を超えています。そのため、一般家庭において、多い場合では約100チャンネルを視聴できます。

It also plans to open a broadcasting centre in Europe. "They have a very ambitious plan to increase distribution of their English language channel," said one person familiar with the broadcaster's strategy. CCTV's global expansion is part of a larger government initiative to enhance China's international image and influence. The ruling Communist party wants to counter what it sees as the negative portrayal of China spread by a biased western media. "The big four western news agencies dominate about 80% of the news flow," said Dong Tiance, a journalism professor at Jinan University. He added that China must speak through its own media if it wants to strengthen its soft power and influence the world more broadly.

このほか、欧州でも放送センターを開設する計画だ。同テレビの戦略に詳しい人物は「英語チャンネルの配給拡大を目指す彼らの計画は実に野心的だ」と話す。中国中央テレビの世界的な進出は、中国の国際的なイメージと影響力を高めることを狙う中国政府のイニシアティブの一環だ。政権党である中国共産党はいわゆる西側の偏向メディアが流す中国のネガティブなイメージに対抗したいと考えている。暨南大学(Jinan University)でジャーナリズム学を教える董天策(Dong Tiance)教授は「西側の4大ニュースメディアが、ニュース配信の約80%を支配している」と話す。中国がソフトパワーを強め、世界に幅広く影響力を行使するためには、自前のメディアで発信する必要がある、と同教授は付け加えている。

単語の意味

- □ **ambitious** 形 T 大望のある、野心のある、大がかりな
- □ **distribution** 名 B T 配付、流通
- □ **familiar with～** T ～をよく知っている、～に詳しい
- □ **strategy** 名 B T 戦略、方策
- □ **expansion** 名 B T 拡張、拡大
- □ **initiative** 名 T 主導、先導
- □ **enhance** 動 B T 高める、増す
- □ **counter** 動 ～に対抗する、逆らう
- □ **biased** 形 偏見を持った
- □ **dominate** 動 B T 支配する、優位を占める

CCTV has leased 36,000 sq ft at 1099 New York Avenue, just three blocks from Bloomberg's offices, and is hiring American staff. While the company is working to increase distribution of its English language channel in the US, it has also been searching for a high-profile figure to be the face of the channel. Its English channel is currently available in a limited number of US homes, mainly in areas with Chinese populations. However, it is keen to increase the size of its US audience.

中国中央テレビは、ブルームバーグのオフィス群からわずか3ブロックしか離れていないニューヨーク通り1099番地に、3万6000平方フィート（約3300平方メートル）のスペースをリース契約し、米国人スタッフを雇い入れる計画だ。同テレビは、米国で英語チャンネルの配給が拡大できるように働きかけながら、同時にチャンネルの顔となる知名度の高い人物も探している。
同テレビの英語チャンネルは現在、米国では主に中国人居住地区に配給され、契約数は限られている。しかし、米国視聴者の数を拡大したいと熱望しているのだ。

単語の意味

- □ **lease** B T 動 賃貸する 名 賃貸契約、賃貸借
- □ **search for〜** T 〜を探し求める
- □ **high-profile figure** 名 有名人
- □ **currently** 副 T 現在
- □ **available** 形 T 利用できる、入手できる
- □ **audience** 名 T 視聴者、聴衆

参考

中国の放送業界

　中国のテレビ番組は党の管理のもとで放送されていますが、90年代から商業化が進み、テレビ局の収益の9割以上が広告収入です。そのため広告獲得の競争も激化しています。番組内容も党の指導のもとの番組作りから、視聴者を意識した番組作りへと移行しつつあります。それでも基本は党の統制のもとに存在するわけですから、たとえば、ケーブルテレビ局には「他業種からの資本参入は50％以下」と決められているため、参入企業はほとんどないのが現状です。

08 Buffett finally embraces tech stocks with $11bn bet on IBM

Berkshire Hathaway has taken a stake in IBM worth more than $10 billion. This is its first big investment in a sector historically shunned by Warren Buffett. Yesterday, the 81-year-old billionaire disclosed that he had secretly amassed a 5.5% stake worth $10.7 billion since March. “I don’t know of any large company that really has been as specific on what they intend to do and how they intend to do it as IBM,” Mr Buffett said. He cited the company’s unusual five-year plan outlining earnings per share, cash positions and shareholder return goals until 2015.

Source: The Financial Times **Original Date:** 2011/11/15
Industry Category: IT/Telecom **Topic:** Finance

Check! ☐ / ☐ / ☐ /

〈対訳〉

バフェット、IBMに110億ドル出資で、ついにテクノロジー関連株受け入れ

バークシャー・ハサウェイが、IBMに対し100億ドルを超す出資をした。ウォーレン・バフェットにより長年避けられてきたセクターにおける初めての大型投資となる。81歳の億万長者である同氏は昨日、3月以来密かに、107億ドル相当となる5.5%の出資をしてきたことを明らかにした。「大企業の中で、IBMほど自社が何をどのようにする意向かを具体的に示している会社は見たことがない」とバフェット氏は話し、1株当たりの利益、現金持高、株主利益率の2015年までの目標を詳細に説明した同社では異例の5カ年計画を引き合いに出した。

単語の意味

- □ **stake** 名 B F 投資金額、利害（関係）
- □ **shun** 動（～することを）避ける
- □ **disclose** 動 B T 発表する、明らかにする
- □ **amass** 動 ～を積む、集める
- □ **intend to～** T ～するつもりである、～する予定である
- □ **cite** 動 T ～を引用する、引き合いに出す
- □ **earnings** 名 B F T 収益、所得、収入
- □ **share** 名 B F T 株、株式
- □ **shareholder** 名 B F T 株主

参考

「オマハの賢人」ウォーレン・バフェット氏とは

ウォーレン・バフェット氏は、世界最大の投資会社バークシャー・ハサウェイの会長兼CEOにして、世界長者番付トップ3の常連。長期投資を基本とする運用スタイルによりコカ・コーラ、ディズニー、アメリカン・エキスプレス、ワシントン・ポストなどの銘柄で成功を収めました。

Mr Buffett had previously avoided the sector, saying he did not understand tech companies or their products well enough to take large stakes. The move further indicates the strategy adopted by Sam Palmisano, IBM's outgoing chief executive. He will step down next month after nine years in which he transformed the company from a hardware manufacturer into an IT services and consulting specialist. Under Mr Palmisano, IBM has provided a level of financial planning and disclosure rare for such a large public company. He has said that the company intends to generate operating earnings per share of at least $20 by 2015. It also plans to spend $20bn on acquisitions between 2011 and 2015.

バフェット氏はそれ以前は、大金を出資するほどテクノロジー会社やその製品を理解していないとして、このセクターへの投資を避けてきた。今回の動きは、IBMの退職する最高責任者、サム・パルミサーノ氏が採用した戦略の正当性をさらに示すことになる。同氏は来月、退任する予定だが、9年の在任期間で、IBMをハードウェアメーカーから、ITサービスとコンサルティングのスペシャリスト集団へと変貌させた。パルミサーノの指揮下において、IBMはこのような大手公開企業には珍しい水準で財政計画の公表や金融情報の開示をしてきた。同氏によると、同社は2015年、少なくとも1株あたり20ドルの営業利益を出すつもりだ。また、2011年から2015年にかけて、企業買収には200億ドルを支出する予定でもある。

単語の意味

- □ **previously** 副 T 以前に、前もって
- □ **avoid** 動 T 避ける、よける　/　□ **strategy** 名 B T 戦略、方策
- □ **adopt** 動 B T ～を採用する、～を受け入れる
- □ **outgoing** 形 去っていく、退職する、社交的な
- □ **step down** 動 B 引退する、身を引く
- □ **transform** 動 T ～を変形させる、～を変質させる
- □ **public company** 名 B F 株式公開企業、上場企業
- □ **acquisition** 名 B F T 買収、取得

参 考

バフェット伝説？

バフェット氏にまつわる“逸話”として、「自分が理解できない企業には投資しない」という独自の経営哲学から、IT関連ベンチャーへの出資を手控え、2001年のITバブル崩壊の影響をまぬがれたという話などがあります。

Last month the company reported $26.2 billion in third-quarter revenues, with most of the growth coming from emerging markets. It also forecast full-year profits of $13.35 per share, up 14% year-on-year. Since 2000 the company has disposed of commodity businesses including its PC and hard drive units. Last year, it increased software's earnings contribution from 25% to 44%. IBM recently announced that Ginni Rometty will succeed Mr Palmisano from the start of next year. She will be IBM's first female chief executive.

同社は先月、第３四半期に262億ドルの売上を計上したと発表したが、その増加分のほとんどが新興市場におけるものだった。また、通年利益は前年比14%増の１株当たり13.35ドルと予測した。2000年以来、同社はPC部門やハードドライブ部門を含むコモディティ事業を売却してきている。昨年、ソフトウェアからの売上の割合が25%から44%へと増加した。IBMは最近、来年初頭にジニー・ロメッティ氏がパルミサーノ氏の後任となることを明らかにした。ロメッティ氏は、IBMで初めての女性最高経営責任者となる。

単語の意味

- □ **revenue** [名][B][F][T]収益、総収入
- □ **emerging market** [名][B]新興成長市場
- □ **forecast** [B][T][動]予想する、予測する　[名]予想、予測
- □ **profit** [名][B][T]利益、収益
- □ **dispose of～** [T]～を処理する、～を整理する
- □ **commodity business** [名]コモディティ事業
- □ **contribution** [名][T]寄与、貢献
- □ **recently** [副][T]先ごろ、つい最近
- □ **succeed** [動][B][T]あとを継ぐ、後任となる

09 EU sees 20 years of rising energy costs

European businesses and consumers face at least 20 years of electricity price rises. This is according to a leaked European Commission report on how the region can meet its green energy targets. The report examines ways in which fossil fuels can be replaced with cleaner energy sources. It says all scenarios point to wind farms becoming the biggest source of electricity in the bloc by 2050, outstripping both coal and nuclear power. Wind farms could provide as much as 49% of EU electricity by then, up from just 5% today.

Source: The Financial Times **Original Date:** 2011/10/18
Industry Category: Other **Topic:** Finance

Check! ☐ / ☐ / ☐ /

〈対訳〉

欧州のエネルギーコストは今後20年間上昇か

欧州の企業と消費者は、今後少なくとも20年間、電気料金の上昇に直面することになるだろう。これは同地域の「グリーンエネルギー」目標に関する欧州委員会の報告書が流出し、判明したものだ。この報告書は、化石燃料をより環境にやさしいエネルギー源で代替する方法について調査したものだ。報告書によると、いずれのシナリオを検討した場合も、2050年までに同地域の最大の電力源は風力発電となり、石炭と原子力発電の両方から得られる電力を上回ることになるという。2050年までに、風力発電は欧州連合(EU)が必要とする電力の実に49%を供給し、今日のわずか5%から上昇する可能性がある。

- □ **electricity** 名 E T 電気、電力
- □ **fossil fuel** 名 E T 化石燃料
- □ **replace** 動 B T ～に取って代わる、～を取り替える
- □ **wind farm** 名 E 風力発電地帯
- □ **outstrip** 動 ～を追い越す、～を凌駕する
- □ **coal** 名 石炭
- □ **nuclear power** 名 E 原子力、原子力発電

参考

欧州の発電方法シェア

天然資源が比較的少ない欧州は原発依存度が高い地域。フランス77.1%、ベルギー53.1%、スウェーデン42.6%がベスト3。2022年までに全廃を宣言しているドイツは、クリーンエネルギーなどが1割を超え、欧州で最も高い比率です。北海に油田、ガス田を持つイギリスは天然ガスが1位で45.9%、原子力は13.6%。すでに原子力を全廃しているのはイタリア、デンマーク、ノルウェーです(『「原子力・エネルギー」図面集2012』より)。

Average electricity prices for households and businesses would rise "strongly up to 2020–2030" under all scenarios. Furthermore, the highest prices would occur after 2030 if renewable sources of power make up a large share of energy production. Average prices for households would jump by more than 100% by 2050 if this were the case. However, they would only rise by 43% if more nuclear power and carbon capture and storage were used.

The EU's goal is to cut greenhouse gas emissions by at least 80% from 1990 levels by 2050. The leaked report is a draft impact assessment of the energy policies needed to meet that goal. It is now circulating as officials prepare the commission's "Energy Roadmap to 2050", due out by the year-end.

いずれのシナリオにおいても、一般家庭向けおよび事業所向けの平均電力料金は「2020～2030年まで大幅に」上昇することになる。さらに、再生可能エネルギーがエネルギー生産の大半を占めた場合、2030年以降、電力料金はさらに上昇するという。もしそうなれば、一般家庭用の平均料金は2050年までに100%以上上昇するだろう。しかし、原子力発電や二酸化炭素の貯留をより多く用いた場合、その上昇率は43%に留まる。EUの目標は、2050年までに温室効果ガスの排出量を1990年のレベルから少なくとも80%削減することだ。前述の流出した報告書は、目標達成に必要とされるエネルギー政策を取った場合の影響評価について、草案としてまとめられたものだ。その草稿の内容は、年末までに公表される予定の欧州委員会による報告書『2050年に向けたエネルギーロードマップ』を担当当局が準備している中、広く知れ渡りつつある。

単語の意味

- □ **household** T 形 家族の、家事の 名 世帯、家族
- □ **furthermore** 副 T さらに、その上に
- □ **occur** 動 T 起こる、生じる
- □ **renewable** 形 E 再生できる、更新できる
- □ **make up** T 構成する、作り出す
- □ **greenhouse gas emission** 名 E 温室効果ガスの排出
- □ **draft** 名 B T 草案、文案
- □ **circulate** 動 B 配布される、行きわたる

The report shows what would happen to prices, costs and energy sources under five different scenarios to make the EU less dependent on conventional sources. Fossil fuels, such as coal and gas, now account for more than half the electricity generated. Nuclear plants are the next biggest source, with a share of 28%. Wind and hydroelectric plants are the two main sources of renewable energy. They produce a combined total of 18%. Of the five scenarios examined, the highest electricity prices are forecast in a "high renewables" scenario which envisages more power generation from solar and wind. In contrast, the cheapest prices are predicted in a "diversified supply" scenario, involving many energy sources.

報告書は、EUが従来のエネルギー源への依存度を引き下げるために描かれた5つの異なるシナリオのもと、価格、コスト、エネルギー源に関する今後の展開をまとめている。石炭や天然ガスなどの化石燃料は、現在、発電されている電力の半分以上を占めている。次に大きなエネルギー源は、原子力発電の28%だ。風力発電と水力発電は、再生可能エネルギーの2大電力源となっており、両方で18%の電力を生み出している。検討された5つのシナリオのうち、電力料金が最も高くなると予想されているのは「再生可能エネルギーの比率が高い」とするシナリオだ。このシナリオでは太陽発電と風力発電による電力がさらに多くなると予測している。一方で、電力料金が最も安くなると予想されるのは「多様化された供給」とするシナリオで、数多くのエネルギー源を使用することになる。

単語の意味

- □ **be dependent on～** T ～に頼っている、～によって決まる
- □ **conventional** 形 T 従来の、伝統的な
- □ **account for～** B T ～の割合を占める、～から成る
- □ **nuclear plant** 名 E 原子力発電所
- □ **hydroelectric plant** 名 E 水力発電所
- □ **renewable energy** 名 E 再生可能エネルギー
- □ **envisage** 動 考察する、予想する
- □ **in contrast** その一方、対照的に
- □ **predict** 動 B T 予測する
- □ **diversified** 形 B T 多様化された、さまざまな

10 The view from Doctor Doom

At a recent asset allocation conference in London, the lead speaker was a man known as Doctor Doom, Nouriel Roubini. He outlined the case why he thinks there is a 60% chance of a developed world recession. The US economy is at what he calls "stall speed". Annualized growth in the first half of the year was 1%. He said it cannot continue in such a state; either it must reaccelerate or fall into recession. He cited a whole range of factors as to why the second outcome was more likely.

Source: The Economist **Original Date:** 2011/10/21
Industry Category: Other **Topic:** Finance

Check! ☐ / ☐ / ☐ /

〈対訳〉

悲観的分析家ルービニ氏が示す先進国経済の見通し

最近ロンドンで開かれたアセット・アロケーションに関する会議で基調演説を行なったのは、悲観的な分析家(Doctor Doom)として知られるヌリエル・ルービニ氏だった。氏は先進国世界が景気後退に陥る可能性を60%とし、その理由を概説した。米国経済は現在、彼の言葉を借りれば「失速」状態にある。今年上半期の成長率は年換算で1%だった。このような状態を継続させることは不可能で、状況はさらに加速するか、あるいは景気後退に陥らざるを得ない、と同氏は言う。彼は広範囲な要因を引き合いに出しながら、後者の可能性が高いとする。

単語の意味

- □ **asset allocation** 名 B F アセット・アロケーション、資産配分
- □ **be known as～** T ～として知られている
- □ **outline** B T 動 要点を述べる、概説する 名 概略、概説
- □ **developed world** 名 T 先進国世界
- □ **recession** 名 B T 景気後退、不況
- □ **cite** 動 T ～を引用する、引き合いに出す
- □ **outcome** 名 T 結果、成果

History teaches us that financial crises are followed by weak growth. The developed economy is duly following the script, so rapid growth is implausible. Eurozone contagion has been spreading, the US government has almost been shut down over tax disputes, and the Middle East conflict is also hitting more countries. For the above reasons, the outlook is very uncertain. That increases the “option value” of waiting in which companies defer investment, and as a result, economic weakness becomes self-fulfilling.

Some recent US data have been encouraging, but that was true only of the first quarter. Since then growth has been revised lower. While big companies may be fine, surveys of small business sentiment are at depression-style levels.

歴史が教える通り、財政危機の後には低成長期がやってくる。先進国経済はこの筋書き通りに進んでいて、急成長は起こりえない。ユーロ圏の病状は広がっていて、米政府は税制改革議論で立ち往生、そして中東の紛争はさらに多くの国に打撃を与えている。上記のような理由から、見通しは非常に不透明だ。このため、様子見の「選択の価値」が増大している。企業は投資を延期し、その結果、経済の弱さは自らその状況を呼び寄せている。最近の米国統計には楽観的な内容もあったが、しかしそれは第1四半期にしかあてはまらないものだった。以来、成長見通しは下方修正されている。大企業は大丈夫かもしれないが、しかし、中小企業の景況感調査は、不況型の水準を示している。

単語の意味

- □ **financial crises** [名][B]金融危機、財政危機（crisesはcrisisの複数形）
- □ **implausible** [形]信じがたい　/　□ **contagion** [名]悪影響、感染
- □ **spread** [動]広がる、散らばる　[形]拡がった、伸びた
- □ **dispute** [B][T][動]議論する、討論する　[名]議論、討論
- □ **conflict** [名][T]紛争、争い
- □ **outlook** [名][B][T]見通し、展望
- □ **defer** [動][B][T]延ばす、延期する
- □ **encouraging** [形][B][T]有望な、楽観的な材料になる
- □ **revise** [動][B][T]～を変える、～を改定する
- □ **survey** [B][T][動]調査する、概観する　[T][名]調査、概観
- □ **depression** [名][B]恐慌、不況、不景気

Currently, the US labor market is weak, wage growth is slow, and consumer confidence is poor. US consumption has been artificially boosted by tax cuts and transfer payments that may not be repeated in 2012. Without them, the outlook is bleak.

The massive increase in wealth inequality has redistributed income from labor to capital and from the poor to rich. This has reduced the marginal propensity to consume, and policymakers are running out of bullets. Fiscal stimulus is being replaced by austerity; there is political resistance to bank bailouts; and depreciating currencies to gain export share is a zero-sum game. Monetary policy is becoming impotent because QE*merely leads to the build-up of excess bank reserves. Mr. Roubini also pretty much dismissed all the eurozone rescue plans as financial engineering. Doctor Doom indeed.

＊QE…Quantitative Easing

現在、アメリカ労働市場は弱く、賃上げは緩やかで、そして消費意欲は落ち込んでいる。米国の消費は減税と社会保障給付で人為的に支えられてきたが、2012年にこれが繰り返されることはないだろう。これがないとすると、見通しは厳しい。
富の不平等感が極端に増大し、所得は労働者から資本家へ、貧困層から富裕層へと再配分されている。これにより、限界消費性向(MPC)が低下し、そして政策立案者の方策は底をつき始めている。財政は景気刺激から緊縮政策に取って代わられ、銀行救済には政治的な抵抗があり、そして通貨価値を下げて輸出を増やすのはゼロサムゲームだ。量的緩和措置は銀行支払準備金を過剰にするだけなので、金融政策は無力になりつつある。ルービニ氏はさらに、あらゆるユーロ圏の救済計画は「金融工学」であるとして、これをほぼ退けた。まさに悲観論まっ盛りではないか。

単語の意味

□ **currently** [副][T]現在　/　□ **labor market** [名][B]労働市場
□ **wage growth** [名][B]賃金上昇、賃金の伸び率
□ **consumer confidence** [名][B][T]消費意欲
□ **consumption** [名][B][T]消費、消費量
□ **boost** [動][B][T]～を上げる、～を増加する
□ **tax cut** [名][B]減税
□ **transfer** [B][T][動]移動させる、～に移す　[名]移動、移転
□ **propensity** [名]傾向
□ **run out of～** [B][T]～を使い果たす、～を空にする
□ **stimulus** [名]刺激、刺激になるもの
□ **bailout** [名][B]救済、救済措置
□ **depreciate** [動][B][F]～の価値を下げる、減価する
□ **dismiss** [動][B]退ける、解雇する

実際の『フィナンシャルタイムズ』や
『エコノミスト』を読みこなす方法を解説！

FT&Economistを読みこなすためのステップ❺

STEP 5

コラム・社説のインテンシブ・リーディング（精読）

- STEP1～4を踏まえて精読する
- 書き手の思考に入り込むように、想像力を働かせて読む
- 書き手の主張が入った記事を読むことで、さまざまな英文記事のパターン、スタイルに慣れることができる

これは上級編です。コラムや社説（たとえば『WSJ』の「Opinion」、『FT』の「ANALYSIS」など）を読みこなしていきます。事実の報道であるストレートニュースとは違い、書き手の主観が入りますし、また見出しの書き方や記事の展開に決まりがありませんので、文章の展開にもさまざまなパターンがあります。海外の大企業の重役は『FT』の「LEX Column」や「LETTERS（投書欄）」を読んで、ビジネスのヒントにしているとか。あなたが今後会社で重要なポジションを狙うなら、押さえておくべきポイントです。

索引 INDEX

【単語の意味】欄に出てくる重要単語・熟語類を、アルファベット順に並べました。
チェック欄□も利用して、学習のまとめ・単語の総整理などにお使いください。

A

□ **A as well as B** 135
□ **abundant** 121
□ **abuse** 169
□ **accelerate** 51
□ **account for ～** 113・213
□ **accounting** 151
□ **accounting fraud** 67
□ **acquire** 153
□ **acquisition** 205
□ **admit** 25・151
□ **admit to ～** 139
□ **adopt** 205
□ **affect** 189
□ **ahead of ～** 97・167
□ **ailing** 105
□ **aim** 177
□ **aim to ～** 197
□ **alarming signal** 189
□ **allegation** 53
□ **allow** 71・79・137
□ **alternative** 35
□ **amass** 203
□ **ambitious** 199
□ **amid** 117
□ **anonymous** 137
□ **anxiety** 117
□ **appear** 109
□ **application** 63
□ **appoint** 69
□ **approval** 79
□ **aquifer** 35
□ **as a result** 173
□ **as a whole** 93
□ **as far as ～** 119
□ **aspiring** 125

□ **assembler** 45
□ **asset** 105・171
□ **asset allocation** 215
□ **assume** 139
□ **astonishing** 45
□ **at the expense of ～** 155
□ **athlete** 127
□ **attendance** 127
□ **audience** 201
□ **austerity measures** 115
□ **available** 135・143・179・201
□ **avoid** 205

B

□ **bailout** 219
□ **ban ～** 147
□ **bankruptcy** 17
□ **barely** 43・63・87
□ **barren** 173
□ **base metal** 189
□ **base pay** 161
□ **be dependent on ～** 213
□ **be expected to ～** 23
□ **be forced to ～** 121
□ **be involved in ～** 77
□ **be keen to ～** 87
□ **be known as ～** 27・215
□ **be likely to ～** 29・127
□ **be proud of ～** 131
□ **be supposed to ～** 137
□ **be tired of ～** 61
□ **be used to ～** 157
□ **benefit** 73・169・181・195
□ **biased** 199
□ **bid** 171
□ **bleed** 151
□ **blip** 189
□ **bloom** 181
□ **blow** 83
□ **board** 25
□ **body** 25
□ **boost** 55・81・127・219
□ **border** 61・119
□ **bracket** 137
□ **brand** 129・135
□ **breach** 171
□ **break even** 27
□ **breakup** 61
□ **bribery** 51
□ **bring back** 83

□ **brinkmanship** 61
□ **budget airline** 15
□ **bullishness** 195
□ **bumper** 111
□ **burden** 21
□ **bureaucracy** 159
□ **buy online** 147
□ **by far** 145
□ **bypass** 133

C

□ **cabinet** 71
□ **capital** 69・73
□ **capitalism** 93
□ **capitalize on ～** 129
□ **carrier** 15
□ **cast** 101
□ **catalyst** 127
□ **catch up with ～** 21
□ **ceiling** 57
□ **celebrate** 183
□ **celebrity** 63
□ **censor** 147
□ **CEO(chief executive officer)** 67
□ **challenge** 47・67・75
□ **charge** 51・137
□ **chemical** 27
□ **circulate** 211
□ **cite** 203・215
□ **claim** 39・51
□ **clue** 59・137
□ **coal** 121・209
□ **coincide with ～** 101
□ **collapse** 27
□ **collate** 137
□ **colleague** 175
□ **comfort** 111
□ **commercialize** 125
□ **committee** 79
□ **commodities** 95・187
□ **commodity business** 207
□ **commodity price** 111
□ **common** 21・167
□ **compete** 69
□ **competition** 17
□ **competitive** 63・131
□ **competitor** 79
□ **complaint** 33・65
□ **component** 45
□ **concentrate on ～** 43

□ **concern** 111 · 173
□ **concerned** 51
□ **conflict** 217
□ **conquer** 39
□ **consecutive** 151
□ **consumer** 143
□ **consumer confidence** 117 · 219
□ **consumer demand** 117
□ **consumer sentiment** 115
□ **consumer spending** 115
□ **consumption** 219
□ **contagion** 217
□ **contemporary** 133
□ **contract** 23 · 45
□ **contribution** 207
□ **conventional** 121 · 213
□ **convert** 153
□ **convince** 121
□ **copper** 187
□ **corporate ladder** 21
□ **correlation** 59
□ **corruption** 91
□ **cosmetic surgery** 63
□ **counter** 199
□ **counterpart** 163
□ **coventional** 121
□ **covert** 135
□ **crackdown** 169
□ **creditor** 61 · 105
□ **creep** 185
□ **criminal** 175
□ **crisis** 111 · 195
□ **critical** 131 · 189
□ **crop** 111
□ **crowd out** 91
□ **crucial** 73
□ **cuisine** 159
□ **currency** 61 · 91 · 171
□ **current** 29
□ **currently** 107 · 201 · 219
□ **cut back** 41

D

□ **dampen** 115
□ **deal** 93 · 167 · 175
□ **debt-for-equity swap** 105
□ **debtor** 61

□ **decade** 35・89・109・131
□ **deceptive** 59
□ **defer** 217
□ **deficit** 47
□ **delay** 183
□ **deliver** 179
□ **delivery** 109
□ **demand** 29・35・115
□ **depend on ～** 91
□ **dependence** 55
□ **depreciate** 219
□ **depression** 217
□ **describe** 23
□ **destination** 15
□ **destine** 89
□ **detect** 139
□ **developed world** 215
□ **diesel generator** 119
□ **dip** 27・185
□ **disappointing** 115
□ **disaster** 35
□ **disastrous** 101
□ **disclose** 169・203
□ **disclosure** 25・53
□ **discourage** 97
□ **discretionary spending** 117
□ **dismiss** 219
□ **dispose of ～** 207
□ **dispute** 217
□ **distinguish** 59
□ **distribution** 199
□ **district** 141
□ **diversified** 213
□ **domestic** 15・21
□ **domestic consumption** 117
□ **domestic market** 17
□ **domestically** 107
□ **dominant** 125
□ **dominate** 131・145・199
□ **double** 29
□ **double-digit** 73
□ **doubt** 83
□ **downward** 113
□ **draft** 211
□ **drain** 35
□ **dry up** 113
□ **dual** 193
□ **due** 25
□ **due to ～** 23・91・189

□ **dull** 147

E

□ **earnings** 47・127・203
□ **economic recovery** 83
□ **edge** 101・179
□ **electric power company** 55
□ **electric vehicle** 179
□ **electricity** 209
□ **electricity supply** 119
□ **electrolysis** 181
□ **electronic gadget** 45
□ **electronic product** 149
□ **electronics** 47
□ **element** 143
□ **embed** 177
□ **embrace** 81
□ **emerging market** 53・207
□ **emigrate** 39
□ **emphasize** 41・47
□ **employer** 33
□ **encourage** 159
□ **encouraging** 217
□ **energy-independent** 177
□ **enhance** 199
□ **entirely** 193
□ **envisage** 213
□ **equipment** 23・121
□ **equity market** 167
□ **equivalent of ～** 35
□ **era** 129
□ **estimate** 29・33・47・113
□ **euro crisis** 101
□ **evidence** 129
□ **except** 63
□ **excessive** 99
□ **exclusivity** 141
□ **execute** 69
□ **exist** 63
□ **expand** 135
□ **expansion** 51・199
□ **explore** 181
□ **express concern** 115
□ **extend** 197
□ **extraordinary** 37・45

F

□ **face** 47

□ **facility** 55・155
□ **factor** 121
□ **fade** 75
□ **faltering** 183
□ **fame** 125
□ **famed** 195
□ **familiar** 111
□ **familiar with ～** 199
□ **far** 21
□ **fear** 167
□ **feature ～** 173
□ **figure** 31
□ **figure out** 125
□ **finally** 91
□ **financial crises** 217
□ **financial market** 83
□ **fine** 169
□ **fiscal year** 47・149・161
□ **flagship** 141
□ **flagship store** 135
□ **fluctuate** 93
□ **focus on ～** 155
□ **follow** 41
□ **followed by ～** 33
□ **following** 161
□ **forecast** 83・149・207
□ **foreign investor** 167
□ **forgo** 161
□ **formerly** 149
□ **fortune** 75・93
□ **fossil fuel** 55・209
□ **found** 173
□ **fragile** 101
□ **fraud** 25
□ **fuel** 63・107
□ **fuel cost** 153
□ **function** 109
□ **fundamental** 69
□ **funding** 103
□ **furthermore** 17・89・183・211

G

□ **gateway** 159
□ **generate** 55・83
□ **generate power** 179
□ **geothermal** 179
□ **geothermal power** 35
□ **give access to ～** 71
□ **glitch** 183
□ **global economy** 115
□ **globalize** 69

□grain 95・113
□grant 29
□greenhouse gas emission 211
□gross debt 103
□growing 101
□growth rate 89
□guarantee 61・109

H

□halve 99
□have yet to ～ 131
□headquarters 185・197
□herd 95
□highlight 75・117・189
□high-profile 169
□high-profile figure 201
□household 211
□hydraulic fracturing 27
□hydroelectric plant 213
□hydrogen 181

I

□identify 59
□immigration 157
□implausible 217
□implication 115
□in addition 101
□in contrast 213
□in debt 171
□in fact 147
□in search of ～ 63
□incentive 55
□incomplete 59
□increase in ～ 95
□indeed 143
□independence 61
□independently 95
□indicator 187
□industry 29
□initial public offering(IPO) 183
□initially 155
□initiative 199
□innovate 43
□innovative 131
□inquiry 51
□inspection 65
□inspire 143
□install 179
□instantly 173
□instead of ～ 147

□ **insulate** 179
□ **insurer** 59
□ **intact** 61
□ **integrate** 181
□ **intend to ～** 203
□ **intense** 113
□ **interim** 75
□ **intervene** 183
□ **intervention** 101
□ **investigate** 25
□ **investigator** 51
□ **investment** 29・55・71・127
□ **investment bank** 185
□ **involve** 61
□ **iron ore** 187
□ **issue** 33・103
□ **item** 141

J

□ **job cut** 41
□ **job loss** 41
□ **joint venture** 15・87
□ **juggernaut** 77
□ **justify** 193

L

□ **label** 133
□ **labor force** 83
□ **labor market** 219
□ **lack** 21
□ **lag behind** 19
□ **landing fee** 17
□ **landing slot** 17
□ **lately** 93
□ **launch** 15・53・133・141・177・197
□ **law enforcement** 51
□ **lead to ～** 61・135
□ **leading** 41・129・189
□ **leak** 97・169
□ **lease** 201
□ **less than ～** 27・67
□ **leverage** 193
□ **liberalism** 159
□ **lie** 119
□ **lift** 89
□ **liquefied natural gas** 93
□ **liquid-crystal display panel** 45
□ **listed company** 193

☐ **lobby** 71
☐ **local industry** 131
☐ **logistical** 73
☐ **long-standing** 33
☐ **long-term** 109
☐ **loss-making** 25
☐ **lucrative** 73

M

☐ **machinery** 153
☐ **magnet** 157
☐ **make a decision** 95
☐ **make up** 19・211
☐ **management** 19・69
☐ **manufacture** 141
☐ **manufacturer** 129
☐ **marketplace** 147
☐ **massive** 171
☐ **meanwhile** 121
☐ **merge with 〜** 103
☐ **middleman** 73
☐ **mining company** 153
☐ **mirror** 169
☐ **misguide** 21
☐ **mobile phone** 151
☐ **momentum** 83
☐ **moreover** 33

N

☐ **name after 〜** 129
☐ **natural gas** 27
☐ **natural resources** 93・187
☐ **net income** 75
☐ **net loss** 47・161
☐ **net profit** 47
☐ **nimble** 43
☐ **notify** 51
☐ **nuclear plant** 213
☐ **nuclear power** 35・55・209
☐ **nuclear power station** 121
☐ **nuclear reactor** 35

O

☐ **object to 〜** 171
☐ **obsession** 63
☐ **obtain** 51
☐ **occur** 211
☐ **offer price** 185
☐ **on a par with 〜** 19

□ **on the verge of ～** 95
□ **once** 87
□ **open position** 31
□ **operation** 15・35・41・47・65・163
□ **opponent** 83・157
□ **optimism** 101
□ **outcome** 215
□ **outfit** 103
□ **outgoing** 205
□ **outline** 215
□ **outlook** 101・149・217
□ **outstrip** 209
□ **overall** 31・115
□ **oversee** 77
□ **overtake** 37
□ **owe to ～** 45

P

□ **participant** 167
□ **particularly** 69
□ **pass** 71
□ **patient** 65
□ **pay off** 125
□ **payroll** 83
□ **performance** 151・195
□ **performance-based compensation** 161
□ **permit** 51
□ **plastic surgeon** 65
□ **platform** 145
□ **plenty of** 119
□ **plunge** 87・191
□ **point to** 115
□ **policy** 87
□ **pollution** 35
□ **posh** 141
□ **post** 147
□ **postpone** 105
□ **poverty** 89
□ **power plant** 119
□ **predecessor** 161
□ **predict** 149・191・213
□ **prediction** 185
□ **premature** 195
□ **prescience** 195
□ **prescription** 59
□ **pre-tax loss** 47
□ **prevent A from B** 25
□ **previous** 161・187
□ **previously** 47・205
□ **prime** 93

□pristine 173
□private investment 91
□private-equity company 105
□probe 53
□procedure 63
□produce 155
□profit 87・207
□profitability 189
□profitable 43
□profitably 39
□promise 167
□promote 21
□promoter 35
□prompt 187
□propensity 219
□proportion 27
□prospect 111
□prospective 59
□provide 107
□public company 183・205
□public financing 95
□pull back 101
□punishment 169
□purchase 175
□pursuit 99

R

□radical reform 71
□rainforest 153
□raise concerns 97
□raise fears of ～ 67
□rally 191
□rapid growth 43
□rapidly 39
□rarely 19・75
□raw material 187
□reach a settlement 23
□rebound 163
□recently 67・207
□recession 215
□recharge 87
□reckon 101・121・145
□record-breaking 125
□recover from ～ 75
□recovery 101
□red ink 151
□reduce 179・193
□regret 195
□regulator 169
□regulatory 167